「核廃絶」をどう実現するか

被爆地・長崎から日本と世界へ送るメッセージ

土山秀夫

論創社

核保有国、核兵器を所有したいと考えている国の指導者に言っておきたいことがある。あなた方は原爆による破壊力を伝聞や記録でよくご存知のはず。しかし、じつは何一つ肌身で原爆被爆の実相を感じ取ってはいない。きのこ雲の下で、一瞬のうちに無数の罪もない市民が抹殺され、即死でない者は血の海の中や炎に焼かれながら、のたうち回って絶命し、生き延びた者も終生、放射能障害にさいなまれた。あなた方が核兵器を保有し、また保有しようとすることは、恥ずべき人道に対する犯罪の加担者となることだ——。

＊前ページの言葉は、二〇一〇年に開催された「第四回核廃絶―地球市民集会ナガサキ」で著者が行った基調報告スピーチの一節。この言葉は同集会の「長崎アピール２０１０」の中にストレートに盛り込まれた。

核廃絶へ進む人へのエール

中村　桂子

「核廃絶」――この言葉に、本書を手に取った皆さんはどんな印象を持つだろうか。

ごく一般の人にとって、核廃絶は遠い世界の話である。実現すべきか否かを問われたら、多くの人がためらわずにイエスと答えるだろう。しかし、それは可能かと問われると、うーんと難しい顔で首をかしげる。さらに、どうやって実現するか、と問えば、多くが言葉に詰まり、沈黙してしまう。

こうした傾向は若い世代においても顕著だ。少し前になるが、二〇一三年に長崎の大学生約五〇〇人を対象に、核問題に対する意識調査を行った。核廃絶の実現可能性を聞いた設問に対し、「(可能性は)まったくない」「ほとんどない」の回答があわせて九割以上を占めた。その理由を問う自由記述欄には、核兵器で安全が守られている、といった核の役割に肯定的な意見もあったが、より多くを占めていたのは、「核兵器がなくなることが想像できない」「どうせ世の中は変わらない」「個人にできることは限られている」といった「あきらめ」に近い感情の吐露であった。

ここで若い人たちを責めようという意図は毛頭ない。被爆地長崎に住み、核問題を人々に伝えることを生業とする私自身が、「体験を持たぬ者」として核廃絶を訴えることに限界や苦しさを感じ、立ちふさがる現実の壁の前に、ときに無力感にさいなまれるからだ。そしておそらく、被爆者「以外」で核問題に取り組む者は皆、こうした葛藤を多かれ少なかれ抱えているのではないだろうか。

被爆者の存在は重く、大きい。国内外において、核廃絶の世論を牽引してきたのは、間違いなく広島・長崎の被爆者だった。今のように、インターネットで情報を発信することもなく、海外に出かけることさえ難しかった時代から、血を吐くようにして自らの体験を語り、核兵器の非人道性を訴えてきた被爆者の姿は、何よりも強い説得力を持って、人々を、そして世界を動かしてきた。そこには体験に裏付けられた、揺るぎない信念の力があった。

しかし七五年の月日が経ち、被爆者の平均年齢は八二歳を超えた。被爆者が「語れなくなる日」はじりじりと近づいている。他方、核兵器をめぐって世界は混迷を深めている。現存する核弾頭総数は一万三千発強。数だけで言えば冷戦時代から大きく減少したが、米ロを筆頭に保有国の根深い核兵器信奉は変わっていない。新しい、「使える核」の開発・配備が進み、「核使用のタブー」は薄れつつある。こうした時代において、「実際に使われたらどうなるか」の結末を人々に想起させる広島、長崎の体験は何にも代えがたい力を持っている。この力を絶やさないために、あらゆる世代の人間が被爆者の思いを継ぎ、訴え続けていかなければならない。さらに大きな声で。そう頭でわかっていても、苦しい。自分に何ができるのか、何を語る資格があるのか。「残される者」の責任の重さに押しつぶされそうになる。

そのようなときに思い出すのだ――土山秀夫先生の言葉を。背中をそっと押してくれるような、穏やかで優しい笑顔とともに。

土山先生との出会いは、私がまだ二〇代の頃だ。当時私は、本書に収録されているエッセー「被爆地の一角から」の連載を掲載していた『核兵器・核実験モニター』誌を発行するNPO法人ピースデポのスタッフだった。市民団体主催の講演会や外務省との協議の場でご一緒することが多かったが、土山先生は常に笑みを湛え、何も知らない新人の私にも分け隔てなく優しく声をかけ、気を配ってくれた。しかしいったん議論の場に出れば、入念に調べられた事実に裏付けられた意見は鋭く、明快かつ論理的で、立場の異なる人々でさえ深く頷かざるを得ないものであった。

とりわけ私の脳裏に深く刻まれたのが、「核廃絶に向かうには、理論と感性の両輪が必要」という土山先生の言葉だった。自らも身内を原爆で失った入市被爆者として、「あの日」を知る被爆者の肉声の重みを十分に認識しつつ、「平和への願いだけでは世界は変わらない」と、被爆地や運動体が具体的な代案を示し、政府に政策転換を迫るだけの力を持つことの重要性を指摘したものだ。

この思想の具現化の一つが、二〇〇〇年以降、六回にわたって開催された「核兵器廃絶――地球市民集会ナガサキ」である。既存の平和・反核団体の枠を越え、思いを同じくする市民が個人資格で実行委員会に参加し、長崎市などの自治体も加わって官民一体で開催準備に取り組む。最前線で活動する国内外のNGO関係者や専門家を招き、被爆地の市民とともに真剣に議論を交わす。初代実行委員長として土山先生が掲げたこれらの構想は、「長崎モデル」とでも呼ぶべき、他に類を見ない新しいものであった。

土山先生の言葉を深くかみしめた別の機会が、二〇一七年七月七日の核兵器禁止条約採択であった。核兵器の非人道性への認識を根幹とし、その保有・開発・使用、使用するという威嚇までも全面的に違法とした画期的な条約である。

条約実現の背景では、核保有国と「核の傘」依存国が信奉する核抑止論、すなわち「核の脅しがもたらす平和」の欺瞞を暴くべく、科学的、客観的事実に裏打ちされた「理論」が大きな役割を果たした。しかし、そこには「感性」も大きく貢献した。条約策定に向けたプロセスのさまざまな場面に被爆者が参加し、「安全保障」「軍事」といった抽象論に一人ひとりの顔と名前を与えた。条約交渉に参加した各国の外交官は、命を絶たれた何十万の人々の「声なき声」に耳をそばだて、その存在を感じたに違いない。

「（禁止条約に）ノーを突き付けることは、広島・長崎の被爆者の頰をはたくことと同じだ」――会議終盤、厳しい口調で各国に早期の条約署名を促した南アフリカ政府代表のこの一言は、まさに「理論」と「感性」が各国を動かした証拠と言えるだろう。

さて、本書に収められた数々の言葉を、私は土山先生からのエールだと勝手に思っている。後に続く私たちの目をまっすぐ見据えて、「大丈夫だから、前を向いて行きなさい」と言ってくれているように感じている。土山先生は情けないと苦笑されるかもしれない。けれど、核廃絶に向けた道が遠く、辛く、もう先に進めないと思ったとき、本書を開いて、少しだけ励ましてもらおうと思っている。そしてまた、歩き続けていこうと思う。

（なかむら・けいこ／長崎大学核兵器廃絶研究センター〈ＲＥＣＮＡ〉准教授）

目　次

Ⅱ　核兵器の非人道性と安全保障〈2013―2014〉

本書に収録した著作は、二〇一〇年から二〇一七年にかけて発表されたもので、初出などの情報と凡例は巻末に記した。

「核廃絶」をどう実現するか

――被爆地・長崎から日本と世界へ送るメッセージ

おもな略語表

CTBT　包括的核実験禁止条約　Comprehensive Nuclear-Test-Ban Treaty
GDP　国内総生産　Gross Domestic Product
IAEA　国際原子力機関　International Atomic Energy Agency
ICJ　国際司法裁判所　International Court of Justice
IMF　国際通貨基金　International Monetary Fund
IPPNW　核戦争防止国際医師会議
　International Physicians for the Prevention of Nuclear War
MAD　相互確証破壊　Mutual Assured Destruction
MD　ミサイル防衛　Missile Defense
NATO　北大西洋条約機構　North Atlantic Treaty Organization
NGO　非政府組織　Non-Governmental Organization
NPT　核不拡散条約　Treaty on the Non-Proliferation of Nuclear Weapons
NSC　国家安全保障会議　National Security Council
NSG　原子力供給国グループ　Nuclear Suppliers Group
NWC　モデル核兵器禁止条約（核兵器条約）
　Nuclear Weapon Convention
PKO　国連平和維持活動*　Peacekeeping Operations
RECNA　長崎大学核兵器廃絶研究センター
　Research Center for Nuclear Weapons Abolition, Nagasaki University
SDI　戦略防衛構想　Strategic Defense Initiative
START　戦略兵器削減条約　Strategic Arms Reduction Treaty
TPP　環太平洋パートナーシップ協定
　Trans-Pacific Partnership Agreement
TPNW　核兵器禁止条約　Treaty on the Prohibition of Nuclear Weapons

国連安保理　国際連合安全保障理事会
新START　新戦略兵器削減条約

*国連平和維持活動の略称はUN PKO（国連PKO）または単にPKO。

I　誰が真の専門家たり得るのか

〈2010–2012〉

●2010 核兵器国をどう説得するか

核兵器禁止条約の採択へ

「核兵器条約」（NWC）はしばしば核兵器禁止条約[*1]とも呼ばれている。この名称が広く認知されるようになったのは、ここ数年来のことである。ことに潘基文《パン・ギムン》国連事務総長が、二〇〇八年一〇月のシンポジウムで述べた核軍縮のための五項目提案の一つとして、確かな検証システムに裏打ちされた核兵器条約などの交渉を検討するよう強調したことが、各国の関心を高めるのに役立った。今年（二〇一〇年）五月のNPT再検討会議でもこの点が取り上げられ、事務総長の提案に留意する旨、合意されたことは一つの成果とみなされている。

条約の交渉を求める決議はすでに一九九六年の国連総会以後、昨年（二〇〇九年）まで例年提案されており（いわゆるマレーシア決議）、常に一〇〇か国以上の賛成票を得ていた。その点に注目したわれわれは、二〇〇〇年一一月にNGOと長崎県・市との共催で開かれた第一回

「核兵器廃絶—地球市民集会ナガサキ」（国際NGO会議）においていち早く核兵器条約を分科会として取り上げ、さらに今年二月の第四回集会でもふたたび分科会で論じ合ったのである。振り返って見ると第一回の当時、ほとんどの市民はもちろん、多くのメディアの人たちも条約について知る者はいなかった。「核兵器禁止条約っていったい何ですか」としきりに質問されたことをよく覚えている。それが今年の第四回集会となると、内容をもっと深く知りたいという市民が急増していた。NPTに加えてこの条約が正式に採択されれば、悲願の核兵器廃絶に大きく近づくことが認識されたからに他ならない。

核兵器国が反対する理由とは

ところで国連総会における前記決議への核兵器国の対応は、唯一賛成の中国を除いて他の四か国は常に反対票を投じている。その理由は必ずしも公式に明らかではないが、筆者は自分なりに次の三点ではないかと推論している。第一点は核兵器を保有することを国家のステータスとして位置付け、外交を有利に進められる特権を失いたくないこと。第二点は提案国がかつて核兵器国と厳しく対立した非同盟諸国が中心であり、それに対する核兵器国（中国を除く）の反感が今なお存在していること。第三点は核兵器条約が、条約締約国に、占有しまたは管理しているすべての核兵器、核物質、核施設および核兵器運搬手段ならびにその所在地を申告することを求める可能性が大きいことが、核兵器国の国防方針と相容れないのではないかと思われることである。

上記の第一点と第二点は、表に出して堂々といえるような理由にはならないので、もっぱら第三点を正当な理由付けとする可能性が高いのではないか。つまり安全保障上、核兵器のように高度の政治的判断に結び付いた事項は、国家の機密として伏せておく必要性が認められるべきだ、という論理である。確かに従来は核兵器国のみでなく、核保有疑惑国も含めて、一部の例外を除けば公式に核兵器やその運搬手段の種類別数量を発表したことはない。また地下施設を含めて核の配備・貯蔵を行っている所在地の公表も全くなされていない。

こう考えてくると、核兵器条約に合意させるためにどう核兵器国を説得すべきか、との難問について、条約推進国は今からその対策を練って置かなくてはならない。一つの突破口となるのは核兵器国として同じ利害を持ちながら、他の四か国に先駆けて賛成し続けてきた中国の例が指摘されよう。この点を梃子《てこ》として有効な方策の打ち出されることに期待したい。いずれにしてもNPTに非加盟のインド、パキスタン、NPT加盟ながら核兵器開発への疑念をもたれているイラン、NPT脱退を宣言して核開発を続けようとする北朝鮮——これらを国際的な法的規制下に組み込めるのは、四か国とも推進に賛成票を投じているこの核兵器条約が唯一のものであることを決して忘れてはならないのだ。

（２０１０・12・15）

＊1　「核兵器条約（モデル核兵器禁止条約）」（ＮＷＣ）は、一九九六年に国際ＮＧＯの主導でつくられ、二〇一〇年に国連で核兵器禁止条約のような法的枠組みが必要だとする文書が採択されたのを経て、二〇一七年七月七日に「核兵器禁止条約」（ＴＰＮＷ）が採択された（日本は反対）。（参照：https://www.recna.nagasaki-u.ac.jp/recna/database/condensation/tpnw）。また、「核兵器禁止条約」の日本語暫定訳は外務省の左記のＵＲＬで読める。
https://www.mofa.go.jp/mofaj/files/000433139.pdf

●2011 警察官か自警団員か

中国脅威論と米国の一極覇権

このごろ安全保障の軍事面においては、米中両国の関係が何かときしみを増してきている。中国軍部が南シナ海と東シナ海を「内海」として「第一列島線」内にあるとみなすのに対して、米国は南シナ海での航行の自由を主張し、米海軍の調査船をしきりに立ち入らせたりする。中国軍が米空母の接近を阻止するための対艦弾道ミサイル開発を進める一方、独自の空母建造計画を発表するや、米軍はこうしたエリア接近拒否の動きに対して、核兵器搭載可能な新たな長距離爆撃機の開発に着手しようとしている。

またどの程度確かなのかは疑わしいが、中国軍の戦略核ミサイル部隊の内部文書として、もし敵国が原子力発電所や水力発電所、首都を含む重要都市を攻撃すると威嚇したり、戦局が極めて不利となり、国家存続の危機に直面した場合などには、「核の先制使用」を慎重に検討しなければならない、とされていることが伝えられている。

米中双方の軍事的緊張関係について、日本における論調は圧倒的に中国の膨張主義や、めざましい経済発展に自信を得たナショナリズムに基くもの、として極め付ける傾向が強い。言うまでもなく昨年（二〇一〇年）九月の尖閣諸島周辺での中国漁船衝突事件の記憶は日本人にとってまだ生々しいし、また南シナ海でのベトナム、フィリピン、インドネシアとの間の同様な紛争も見聞されている。加えて中国が過去二一年間、毎年一〇パーセントを上回る国防費の増加やその内容の不透明さなどを指摘されると、自然と〝中国脅威論〟が浮上してくるのも分からないではない。

しかし視点をアジアという地域にしぼって米中両国を見直してみると、日本は果たして欧米流の脅威論に乗るだけでいいものであろうか。かつて米国防総省の秘密文書はこう告げていた。「冷戦後にくるものは多極的世界ではなく、米国の『一極覇権』でなければならない。その際、国連や他国の協力は必須条件であってはならず、また西欧、アジア、旧ソ連地域において、米国と競合しうる大国の台頭は阻止されなければならない。米国が国際秩序を維持し、緊急を要する危機に有効に対処しうるためには、必要ならば単独で行動できる条件が整備されるべきである……」。

つまり米国は世界の警察官として振舞うのが使命であり、領土こそ求めないが覇権を貫く姿勢がどの地域に対しても必要というのだ。ブッシュ政権の、ことにその一期目はこの点で地を行く政策を強行した。オバマ政権はより柔軟性のある中国外交を展開しているものの、軍部の基本方針はそれほど変わっているとは思えない。一方、中国の立場に立ってみれば、自ら「内海」と宣言したいわば領海内である南シナ海と東シナ海に、公然と米国の第七艦隊の艦船が出没し、日本や韓国との同盟関係を名目にして、頼みもしないのに警察官然として干渉されては迷惑だ。一三億の中国人口を養うための海洋資源探しとその軍事的護衛は、単に自国を守るというだけはない。戦後アジア国家が失いかけているアジア人としての心、面子の問題でもあるのだ、と恐らくそう言いたいのではあるまいか。

では米中と密接不可分の関係にある日本はどうあるべきだろうか。英外務省のサイモン・フレイザー次官はこう指摘する。「対中包囲網などの協力態勢は不適切で逆効果だ」とした上で「中国のパワーを考えれば最近の自己主張は決して不合理ではない。それを止めさせようとするのは誤りだ。中国やインドの新興大国を国際体制に取り込むためには、これまで西側クラブの体制であり過ぎた国連安保理や国際通貨基金（ＩＭＦ）などの国際機構こそ改革すべきだ」と語っている。日本にとって傾聴に値する冷静な意見ではないか。

（２０１１・２・１）

民主党は非核の原点を忘れるな

日本のなすべき六項目

菅政権の外交や安全保障への対応を見ていると、熟慮した末とは思えない危なっかしさが付きまとう。日印原子力協定についても、新防衛計画の大綱についても然りである。

その一方で核兵器廃絶を目指しての取り組みが、岡田克也外相が民主党幹事長へと転出し、前原誠司氏が外相に就任してからは急にトーンダウンした印象を受けた。しかしその前原氏も献金問題の責任をとって辞任し、今や民主党は核廃絶への対応どころではない状況に追い込まれている。たとえそうだとはしても、政権党である限りそれでは困る。

民主党は野党であった二〇〇〇年四月、党としての核兵器政策を発表している。同年五月のNPT再検討会議の直前ということになるが、簡単にその内容を振り返って見よう。政策のⅢには「日本のなすべきこと」として、六項目が挙げられている。「日本の役割」「核武装論について」「非核三原則」「核の傘」「北東アジア非核地帯構想」「新たな協力関係の構築」の六つである。

そのうち日本の核武装論に対しては、根拠を示した上で「我々は偏狭なナショナリズムに基づく誤った核武装論に対し強く反対する」と断じている。非核三原則の項では核を持ち込まないことの一部に、日米間に事前協議の対象としない秘密合意があるのではないかとの指摘に触れ、仮にも安全保障上の基本政策について国民が事実を知らされていないとすれば、問題は極めて重大だとしている。その上で「我々はこの問題について秘密合意が存在するか否かについて責任をもって明確にすべきと考える」と提言している。

あの核兵器政策は何だったのか

また核の傘の項では「核兵器による威嚇や核兵器の使用のない世界を目指す以上、我々は米国が日本を守るために、米軍の保有する核を他国の日本に対する核攻撃に先立って使用することはないこと（核の先制不使用）を日米間で合意すべきと考える」と述べている。この点は二〇〇〇年一〇月に筆者らと面談した岡田克也総務会長（当時）が、特に強調したことをよく記憶している。北東アジア非核地帯構想については、梅林宏道氏によるスリー・プラス・スリー案（一九六六年）を下敷きにして、日本、韓国、北朝鮮が核兵器を開発、製造、保有、配置、使用しないことを約束するとともに、核エネルギーの平和利用を検証するための相互査察を行うこととする条約を締結する。また米国、中国、ロシア等の核保有国にも、この地域における核の使用や威嚇を行わないことを認める旨議定書の締結を求めている。そして「具体的に正式の条約とするためには日朝間の国交正常化が前提となるので、まず日韓両国が中心となって、北朝鮮、米国、中国、ロシアを加えた六か国で、北東アジア非核地帯に関する共同宣言を行うことを目指すべきである」としている。

上記の提案を実現するためには、「新アジェンダ連合」を中心とする非核保有国との緊密な協力が必要であり、同時に「中堅国家構想」を始めとする内外のNGOとの確かな協力関係を構築することの重要性を指摘している。一一年前のこの核兵器政策は、今日から見ても十分に通用する核廃絶に資する要件を備えているではないか。さらに民主が政権党となり、岡田氏が外相に就任するや非核三原則における日米間の秘密合意に関する委員会を設置したのは、自民党時代には考えられなかった英断であったし、また在野の核軍縮に熱心なメンバーから成る私的諮問委員会を発足させ、核廃絶に向けて〝やる気〟満々だった外相を外したのは、菅総理の明らかな失敗だったといえよう。

あの二〇〇〇年の民主党の核兵器政策は一体何だったのか、今こそ同党は初心に返ってその点を噛みしめるべきだ。そのことが核廃絶を今生の願いとする多くの被爆者や内外のNGOに対して、真摯に向き合う同党の大きな使命でもあるはずだから。

（2011・3・15）

呼び覚まされた記憶

三・一一の惨状が八月八日に重なる

東日本大震災は、地震に加えて津波の来襲によって、多くの町や村の人々と建物を、瞬時にして押しつぶし、押し流し去った。

なかでも福島では地震、津波の上に東京電力福島第一原発事故による放射性物質の漏出もあって、市民を日々恐怖に追い込んでいる。現地の人々にとっては、天災と人災の三重苦ともいうべき被災そのものであろう。

テレビで繰り返し映し出される光景は、六六年前に私たち被爆地にあった者たちが目撃した、あの無残な廃墟の姿を思い起こさせずには置かなかった。ただ、あの原子爆弾による壊滅状態の中で、被爆者の救護活動に従事した大部分の人たちは、それがプルトニウムを利用した核兵器であることなど知る由もなかった。例外としてごく一部には、飛来した米軍機から撒かれた宣伝ビラによって、その事実を知る者がありはした。しかし敵の謀略に乗るな、とばかり憲兵たちが躍気となってビラを回収し、ビラの内容について固く緘口令《かんこうれい》を布いて回ったと伝えられている。

医師たちの証言が裏付けるもの

ビラを見た一人に、後に「長崎の鐘」「この子を残して」などの著作で知られるようになった永井隆博士がいた。博士は物理的療法科助教授第十一救護隊長名での手記「原子爆弾救護報告」の中で、次のように記している。「……原爆に関心をもっていた余等すら、その夜、敵の撒布したビラによって原爆と知らされるまでは吾ながら申し訳ないが、全くそれと気付かなかった」と。

筆者が所属していた救護班は、外科学の調来助《しらべらいすけ》教授を長としていたが、その調教授ご自身もビラのことは知らなかったため、投下されたのが新型爆弾ではあっても、原子爆弾とは思っておられなかった。同教授の日記と対談を収めた「医師の証言　長崎の原爆体験」（一九八二年）によれば、「九月二八日に米軍原子爆弾調査団長バーネットから、原子爆弾の作用について説明があり、初めて原爆のことがわかった。（中略）。角尾《つのお》晋《すすむ》学長（当時の長崎医科大学長で、八月九日朝、内科外来で診察中に被災し、九月二二日に死去）も全く放射線とは考えておられなかった。あれは爆弾プラスXだとかプラスαだとかはいわれたが、原爆とはいっぺんもいわれなかった」と述べている。

ちなみに角尾学長は東京出張の帰路、列車が不通となった原爆被爆直後の広島を徒歩で通り抜け、八月八日朝に長崎に帰着。その足で私たち学生を運動場に集め、広島の状況を説明されたのだった。かなり詳しく話をされたが、その中でも強く記憶に残っているのは次のような証言である。

「広島の状況は何が何だか全くわからない。爆弾が一発落とされただけで建物が全部破壊され、大変な火災を起こして、全市の機能が一瞬にして止まってしまったそうだ。大勢の人が死亡したり、大やけどしたりしているのに、爆弾の落ちた穴はどこにも見つからないという。これは確かに特殊な新型爆弾なのだろう」

また八月一二日に九大医学部の医師と学生のグループが長崎入りしているが、その学生の一人であった浜清氏（後に国立岡崎研究機構所長）は、「ヒューマン　サイエンス」誌（一九九一年）に「医学生の見た戦争」と題した生々しい手記を寄せている。本稿では、救護所とされた山里小学校に収容された被爆者のほぼ全員が死亡したこと、また多数の血液の混じった下痢患者が出たが、赤痢によるものと判断して急性放射線障害の可能性を全く考えていなかったことを裏付けている。

福島における原発事故の報道を見聞するにつけ、もしあの当時、現在のような情報や知識がもたらされていたとしたら、果たして私たちはどう行動していただろうか、との思いがフト頭を過るのである。

（2011・5・1）

今こそ再処理工場の断念を

「憂慮する科学者同盟」の声明文

菅直人首相は去る五月二五日、パリで開かれた経済協力開発機構（ＯＥＣＤ）における講演で、日本はエネルギー基本計画を白紙から見直し、原子力エネルギー、化石エネルギーに加え、自然エネルギーと省エネルギーという二つの柱を育てる決意を表明した。そして発電量に占める自然エネルギーの割合を一挙に二〇パーセントに高める時期を、これまでの二〇三〇年から二〇二〇年代のできるだけ早い時期に前倒しする目標を示した。

今回の東京電力福島第一原子力発電所の事故を受けて、自民党政権時代の政策を大幅に改変しようとする意志の表れであろう。ただそうした目標を達成するためには、幾つもの克服すべき問題点が存在することもまた事実であろう。たとえばその際どうしても提言しておきたいのは、青森県六ヶ所村の使用済み核燃料再処理工場の在り方についてである。

この問題については、かつて二〇〇五年五月、その年のＮＰＴ再検討会議の開催に当たって、ノーベル賞受賞者ら米国の二七人の専門家が署名した「憂慮する科学者同盟」（ＵＣＳ）の声明文が出されている。声明では「運転が始まれば、六ヶ所再処理工場は、核兵器を持っていない国における初めての商業規模の再処理工場となる」と位置付けた上で、二〇〇五年一二月からアクティブ試験を始め、二〇〇七年に商業運転に入る計画の再処理工場は、年間八トンのプルトニウムを分離する能力を持つようになること、この生産が全く必要のないものである証拠は、日本がすでに、国内と欧州に預けてあるものを合わせれば、四〇トン以上のプルトニウム（原爆五〇〇〇発を作るに十分な量）を持っている事実が示していることを指摘。工場の運転が開始されれば、それは、核兵器の取得を追及している国々に「日本の例」という口実を与え、世界的核拡散のリスクを招くことを考えれば、核兵器がもたらす悲惨さについて熟知している日本政府に対し、六ヶ所再処理工場の運転を無期限に延期するという勇気ある決定を下すよう求めたい、と結ばれていた。

再処理工場の閉鎖を求める根拠

この声明に呼応して、世界各国の著名人七七名による賛同要請文が日本政府あてに提出された。しかし当時の日本政府はこれを無視して、二〇〇六年には再処理工場の試運転に着手したのだった。ところがその後の推移はどうであったか。再処理最終工程である高レベル廃棄物のガラス固化体を作るガラス溶融炉でトラブルが頻発し、その度に完成は延期を繰り返した。ようやく昨年（二〇一〇年）一〇月には完成予定とされていたが、これまた不具合が生じ、完成は二〇一二年一〇月まで二年延期されるに至った。一九八九年の事業申請から何と一八回目の延期であり、欠陥工場の烙印を押されたとしても致し方あるまい。[*1]

筆者は他誌の論文において、自民党政府が国策の名の下に、圧倒的なエネルギー予算の配分や研究助成を原発関連分野に注いできたこれまでの政策を改め、大幅に再生可能エネルギー分野に振り向けることによって、その開発や技術革新を促進させる必要があると考えていること、また再生可能エネルギーによる電力の全電力に占める比率に応じて、段階的に原発を縮小し、最終的にはゼロを目指すべきであることを論じている。つまり漠然と再生エネルギーによる発電割合の増加を期待するのではなく、たとえ長期間を要するとしても、国の方針として原発離脱を決意するか否かが問われているからである。ドイツは今年（二〇一一年）の六月、遅くとも二〇二二年までに、電力供給の約二三パーセントを担っている原子力発電から脱却する方針を固めているではないか。

このことと不可分の関係にある再処理工場について、福島原発事故の痛ましい教訓を生かすためにも、また日本の核武装というあらぬ疑惑を払拭するためにも、われわれは改めて六ヶ所村の同工場の閉鎖を強く迫るべきではなかろうか。

（2011・6・15）

＊1　六ヵ所再処理工場は二〇二一年度上期の稼働を見込むとされており、現在までに、完成見通しの延期は二四回にのぼっている（参照：『河北新報』二〇二〇年五月一四日）。

誰が真の専門家たり得るのか

近年のテレビ報道への違和感

「われわれはたとえば白血病や甲状腺腫瘍を引き起こすという場合、放射線の影響を過小評価するのは許されないことを強調してきた。しかし、これらの要因に注意を向けすぎてしまい、人々の間のふつうの病気の増加さえ、放射能によるものとみなすべきではない。マスメディアやこの分野の専門家以外の公人、そして自分がこの分野の専門家であると勘違いしている自称『専門家』によって、事故の悪影響が誇張して伝えられることは、事故の被害を受けた多くの人々を、自分や子孫の将来という点で望みを失わせた。よく知られているように、このような精神的ストレスはきわめて大きな負担となり、多くの健康障害の原因となっている。心理的な過剰な負荷は、社会保障や医療、生活改善を担当する地方当局や政府の無関心で無責任な対応によってよりひどくなっている」。

ここに引用した文章は、今回の東京電力福島第一原発事故に際して書かれたものではない。

一九八六年四月二六日、ウクライナ共和国のチェルノブイリ原子力発電所における爆発事故に際して、ソ連政府の中枢にあって事故処理の医学面を直接指揮したレオニード・イリーン生物物理学研究所長の著書（『チェルノブイリ：虚偽と真実』本村智子ほか訳、長崎・ヒバクシャ医療国際協力会発行、全四六五ページ）の一節である。今回の事故にあっても、同様に示唆に富む内容と考えてこれを引用した。

断っておくが、筆者は他誌論文[*1]（『証言２０１１』に掲載）に記した通り、いくつかの根拠に基づいて、原子力に代る再生可能な自然エネルギーの研究、開発に全力を注ぎ、期間はかかっても最終的に原発依存から脱却すべきとの見解に立っている。そうした立場ではあるものの、最近の報道、とくにテレビのそれにある種の違和感を覚える場合が少なからずあった。じっくりと科学的な冷静な判断が求められる事柄について、短兵急な結論を留保したりすると、まるで電力会社の擁護者でもあるかのような見方をされ兼ねないことだ。コメンテーターとして実に数多くの学者が登場しているが、筆者にはそこに一つの傾向があるように思えてきた。原子力工学の専門家は、当然のことではあるが放射線の数値の変動のみから結論を導き出す。したがって説くところは明快であり、時には一刀両断的であったりする。政府の指定する二〇キロ以内は避難区域、三〇キロ以内は避難準備区域などというのは手ぬるい。いっそ予防的意味も含めて、八〇キロ以内まで避難させるべきだと主張する人もある。これに対して医学系の学者は一般的に慎重で、風評被害をどう食い止めるかに重点を置く傾向が見られる。ふだんから患者に接し、薬剤や放射線に対する感受性が個々人でいかに違うかを体験しているだけに、十把一からげにする判断の難しさを感じているからであろう。

忘れてはならない個々人への理解

筆者はいずれが正しい、正しくないなどというつもりはない。ただいずれの立場であるにせよ、忘れてならないのは現地福島の人たちの心境である。避難せよ、と命ぜられることに対してどれほどの決心を要しているか、という点だ。もしかしたら、もう二度とここには戻れないかも知れない、と思えば、圧倒的に生命の危険が予知されているのなら仕方もないが、予防的に避難せよ、といとも簡単に言われても悩みと迷いは深まるばかりであることを理解すべきである。

とくに問題なのは今回の事故のように、長期にわたる低線量被ばくの可能性が考えられる中、発がんその他の障害が起こり得る確率については誰も答えられないのが事実だ。先のイリーン所長はこう述べている。「低線量被ばくの影響に関する疫学的調査には莫大な人数が必要。一人当たり一〇ミリシーベルトまでの被ばくによる発がんの影響を、統計的に正確なデータを得るには、対照群ともにそれぞれ五〇〇万人が必要であろう」。その意味では、福島における政府による二〇〇万人の健康調査は、貴重な資料を提供するものとなるに違いない。

（2011・7・15）

＊1　「岐路に立つ原子力の平和利用」、本書Ⅳ章一八七ページ所収。

ＩＡＥＡは傍観者でいいのか

核不拡散条約の二つの条項の余波

一九五三年一二月八日、アイゼンハワー米大統領は国連総会において「アトムズ・フォー・ピース」と題する講演を行った。その二年前の一二月、米国はすでに世界初の原子力発電に成功していた。

受ける形で国連は、一九五七年に「国際原子力機関」（ＩＡＥＡ）を発足させ、世界の繁栄に資する原子力の利用を促進させるのと同時に、それが軍事目的に転用されないように監視する役割を与えた。一九七〇年に発効した「核不拡散条約」（ＮＰＴ）では、第三条としてＮＰＴ加盟のすべての非核兵器国は、ＩＡＥＡの保障措置を受け入れることを義務づけている。その一方で第四条は、原子力の平和利用がＮＰＴ加盟の非核兵器国にとって、譲ることのできない権利でもあることを認めている。

実はこの二つの条項が、後年、予期しない余波を及ぼすことになってしまった。一つはフセイン政権時代のイラクである。イラクは一九七一年以来NPTの加盟国であり、IAEAの保障措置を守っていたはずであったが、秘密裡に進めていたウラン濃縮計画が露見した。ただこの場合はイラクがクウェート侵略という国際法違反を犯していたため、国連による強制的制裁の一部として、強制的にイラクのあらゆる場所への査察が可能であった。それに対して北朝鮮は一九八五年にNPTへ加盟し、一九九二年にはIAEAとの保障措置協定に署名した。しかし一九九三年にIAEAからの特別査察要請が出されるや、北朝鮮はそれを拒否するとともに同年三月にはNPTからの脱退を通告した。その後も国連とのやりとりが行われたものの、結局、保障措置協定の範囲内であるために強制的な査察は実施できなかった。

近年、イランにおける核兵器開発疑惑が繰り返し報道されているが、ここでもNPT第四条を盾にとったイランの原子力平和利用の権利という主張の前に、欧米諸国は有効な手段を打ち出せないでいる。このことは今後、もしもある国が平和目的の原発建設を理由にして海外の援助を受け、建設後は自力で核兵器製造に転じたとしても、国際社会は一定度の干渉しかできないだろう、との誤ったシグナルを送っているのに等しい。現に過去にNPT非加盟のインドやパキスタンがこの方式で自前の核兵器を製造し、一九九八年五月に核実験をして見せながら、今日では何の咎《とが》めもないという先例さえある。中でもインドとは国益むき出しの米ブッシュ政権が、二〇〇八年に米印原子力協定を結ぼうとするや、IAEAは米国の圧力に屈して〝例外扱い〟という悪しき承認まで与えてしまった。

原子力利用の推進を主張するならば責任を

当のIAEAは今回の東京電力福島第一原発の事故に際して、どのような対応を取ろうとしているのであろうか。事故発生後、いち早く天野之弥《あまのゆきや》事務局長が来日し、被災地を訪れたことは素直に評価したい。しかし今年（二〇一一年）七月末に松本市で開催された国連軍縮会議において、天野事務局長は「世界的に原子力利用は今後何十年にもわたって広がっていく。重要な選択肢であり続ける」として、原子力の平和利用の推進を強調している。NPTの第三条、第四条の担い手としての自負心からそう言わせているのかも知れない。だがスリーマイル島、チェルノブイリ、そして今回の福島事故の示した原発という科学による制御の限界に対する十分な検証も抜きにして、楽観的な未来の展望のみを語っていいものであろうか。IAEAが自己の出番だとばかり確信をもってそう主張するのであれば、その結果に対しても当然ながら責任を負わなくてはなるまい。たとえば今後も原子力の平和利用を推進するというのなら、高レベル放射性廃棄物の際限のない堆積が、次世代、次々世代に及ぼす影響をどう防ごうとするのか、明確な指針の呈示には目をつぶっていてもいいはずはない。

（2011・9・1）

反省なき社説を批判する

政府と一体化した洗脳教育の歴史

九月七日付『読売新聞』の社説を見て驚いた。過去に自社が演じてきた行為に対する釈明の一つもなく、もっぱら原発の再稼働を促す論旨で貫かれていたからだ。

「展望なき『脱原発』との決別を」とのタイトルの下に、大要次のような内容が述べられている。今夏は企業や家庭の節電努力で危機を乗り切った。しかし今後は節電だけでは不足が明らかなのに、野田首相が原発新設を否定したのは早すぎる。原発依存度を下げて太陽光などの自然エネルギーでまかなうというが、水力を除けば全電気量の一パーセントにすぎないし過大な期待は禁物である。日本が脱原発に向かうとすれば原子力技術の衰退はさけられない云々、というものであった。

一九五四年三月、太平洋ビキニ環礁における第五福竜丸の被曝事件を契機として、日本国内では一気に反核と同時に反米感情が高まった。苦慮した米国は日本人の原子力アレルギーを解消するために、二人の人物に白羽の矢を立てた。一人は国会議員の中曽根康弘、もう一人は読売新聞社社主の正力松太郎の両氏であった。中曽根氏は米側の意図に共鳴し、五五年一〇月に国会の原子力合同委員会の委員長となって原子力の平和利用を大いに推進させた。以後、自民党政権下ではこの方針が国策として引き継がれ、政官産学から成る強固な〝原子力村〟が組織化されていった。

一方、米国はＣＩＡを利用しての正力氏抱き込みに成功し、一九五四年一月から『読売新聞』が原子力記事の連載を開始、五五年五月に米国の専門家を招いて「原子力平和使節団」を来日させ、一一月からは読売新聞社主催の「原子力平和利用博覧会」を開催した。以後、原子力の未来を称える「ついに太陽をとらえた」の連載を始め、同社は折にふれて今日まで〝原発安全神話〟の確立に指導的役割を果たした。今回の福島事故発生までの政府とマスコミ挙げての洗脳教育は、「国民の知る権利」さえ侵しかねないものだったといえよう。

エネルギー対策費の使い先が示すもの

『読売新聞』社説は一方で「自然エネルギーが水力を除けば全発電量の一パーセントに過ぎないし、過大な期待は禁物」と断じている。そこにはかつて自然エネルギー分野で世界のトップを切っていた日本が、今や風力でも世界先進国のベストテンにも入れなくなった実相についての考察は一切抜きである。一九九〇年代の経済産業省のある報告書を見れば明らかなように、全電力に占める原子力の将来の目標として二〇〇〇年度には三三パーセント、一〇年度には四二パーセントと設定してあるのに対して、自然エネルギーは〇〇年度に一・四パーセント、一〇年度には同じく一・四パーセントと据え置かれているなど、歴然とした扱い方の違いが見て取れる。またその点を別の面から裏付けるかのように、立命館大学の大島堅一教授によれば、一九七〇年度から二〇〇七年度に至る一般会計から支出されたエネルギー対策費の、じつに九七パーセントが原子力関連に注ぎ込まれているという。原発宣伝のお先棒をかついだメディアが、こうした予算や研究費の差別化が、どれほど日本の自然エネルギーの研究開発を阻害してきたかを知らぬはずはあるまい。

さらに社説の最後には日本のプルトニウム備蓄が、潜在的に核抑止力として機能していることも、新たな原発推進の根拠の一つとしているのには唖然とした。恐らく一部の国防族議員や守旧派の外務官僚ＯＢが、未だに抱いている幻想を念頭に置いての発言であろう。その源流は一九六九年に外務省がまとめた秘密文書における「当面、わが国は核兵器を保有しない政策をとるが、核兵器の経済的・技術的ポテンシャルは常に保持することとする」にある。確かにある時期までは海外でも日本独自の核武装を疑う声も強かったが、今ではそれが虚勢のポーズに過ぎないとして足元が見透かれつつあることをご存じないのであろうか。

いずれにしても、いたずらに販売部数を誇るだけが大新聞の資格ではないことを、はしなくも今回の社説が教えてくれたような思いがする。

（2011・10・15）

被爆当夜に何が起こったのか

元特攻隊員の八月九日の夜の記憶

筆者は長崎文化放送（NCC、テレビ朝日系列）の番組審議会委員長を長いこと務めている。その同社が最近、〝テレメンタリー２０１１〟「あの日、原子野を飛んだ―元特攻隊員の遺言」という作品を制作した。作品の出来栄え云々よりも、何より内容そのものがにわかには信じがたい特異さを含んでいた。

タイトルにある「あの日」とは、長崎に原子爆弾が投下された一九四五年八月九日を意味し、同夜午後八時前後に、一回にわたって訓練のため特攻隊員が長崎市上空を飛んだというのだ。しかも使われたのは俗称「赤とんぼ」と呼ばれる複葉布張りの粗末な二人乗りの練習機で、川棚海軍飛行場から飛び立ったという。搭乗していた元特攻隊員の一人（八三歳）は、現在存命中ながら二〇代前半から十数回の手術を繰り返し、右肺に腫瘍が見つかった際、主治医は原因が放射能によるものかも知れないと告げている。

同隊員は被爆体験を意識したことはなかったが、それがキッカケとなって各地に散った元戦友にも声をかけ、被爆者健康手帳の申請を呼びかけた。しかし、被爆地域を飛んだことを証明できる書類はなく、申請は却下された。当日の訓練飛行の搭乗割り表はあったが、実際の飛行命令書はなく、命令を下したとされる指揮官らはすでに全員他界しているため、証拠として採用されなかったのだ。

画面では何本ものあばらの浮いた上半身裸の老人が、声をふりしぼるようにして、五〇〇メートル上空から見た長崎には火柱が上がっていたのを今もよく覚えていると語りかけていた。実直そうな老人の表情からは、手帳の取得を要求しようという主張よりも、自らの体験を信じて欲しいと願っているように思えた。被爆当夜といえばまだ交戦中であって、いつ何時、米軍機が飛来するかも知れない情況下で、もしも軍幹部が無防備に等しい「赤とんぼ」を訓練として駆り出したとすれば、この隊員たちも哀れな戦争犠牲者となっていたかも知れなかった。

長崎市はかつて『長崎原爆戦災誌』という膨大な記録集を編さんしている。戦前の長崎の歴史から説き起こし、戦時中、なかでも原爆投下前後に多くの頁を費やし、戦後の復興期に至るまでを網羅した信頼すべき著作である。この戦災誌の八月九日夜の記載に注目すると、同日夜か一〇日朝に「降伏勧告ビラ」がＢ－29重爆撃機によって撒かれ、市民によって拾われたことが多くの証言や手記によって裏付けられている。ビラの散布された時刻はまちまちで、長崎憲兵隊の報告には「八月九日夜半」とあり、一般の手記の中には「八月一〇日朝または午前中」としたものもあるなど一定していない。

長崎県警備隊副隊長長友某の語るところでは、「救出作戦が終った深夜、午前一時から二時頃までの間だったかも知れない。時津方面から爆音が聞こえて、同時に光が見えた。敵機だ！と緊張したが、爆音は稲佐方面へ消え、その後は何事もなかった。夜が明けて浦上川の右岸、橋の近くから上流へ約一〇〇メートルにわたってビラが散らばっていた。あの飛行機が撒いたのだ、と私は昨夜のことを思い出した」というのである。これ以外にも八月九日夜にB－29の爆音を聞いたという証言はあるが、午後八時前後にプロペラ機の飛来音（五〇〇メートル上空ならば十分聴取できたはず）を耳にしたという証言は皆無だ。

では元特攻隊員による訓練飛行は嘘だったのだろうか。いや自らの死を覚悟した老隊員が、いまさら作り話をして何のためになろう。筆者はそう考えて次のような推論を立てたのだった。彼はその夜確かに長崎方面へ飛び立ったのだ。しかし夜目には近く見えた街の火柱を目撃して長崎市内と錯覚し、実際には長崎近郊から引き返したのではなかったろうか——筆者は同じ戦中派としてそう思ってやりたいのである。

（2011・11・15）

●2012 果てしなき米ロの応酬

相互協力と相互不信の複雑な絡み合い

昨年（二〇一一年）の一一月二三日、ロシアのメドベージェフ大統領は、強い調子で米国と北大西条約機構（NATO）の欧州におけるミサイル防衛（MD）構築を批判した。

ブッシュ政権が進めていた東欧へのMD施設配備を二〇〇九年九月に中止したオバマ政権が、米ロの戦略兵器削減条約（新START）の批准された今になって、改めて東欧にMDを設置しようとしていることへの反発であった。確かに米国は昨年に入ると、ルーマニア、トルコ、ポーランドと相次いでMD配備計画への合意を取りつけたため、ロシアからみれば一杯食わされた、との感が否めなかったに違いない。しかも米側がこれはあくまでイランの脅威を対象としたものと説明したのに対して、それならロシアに向けられた配備でないことを法的義務を伴う文書にして欲しいと申し出たが、あっさり拒否されてしまった点も怒りを増幅させたようだ。

対抗措置として、ロシアのカリーニングラード州やロシア南部へのミサイル配備、さらに場合によっては新ＳＴＡＲＴからの脱退もあり得る、とまで言及した。もっともこうした強硬姿勢はメドベージェフ大統領自身の意志というよりも、対米強硬派のプーチン首相の大統領復帰に向けた一種のポーズではないか、と見る向きもあるという。

それにしても米ロの関係というのは、いつの時代も相互協力と相互不信とが複雑に絡み合ってきている。とくに相互不信が露骨な形で示されたのは、何といっても東西冷戦中のそれであったろう。たとえば米国やＮＡＴＯ軍にとって、ソ連に後押しされた東欧の優勢な通常戦力は、西欧を侵略するかも知れない脅威として映った。そのためこれを防ごうと、ＮＡＴＯ軍は核兵器による抑止が必要と判断し、射程距離の短い「戦術核」の配備に踏み切った。そのことが当時のソ連軍には、逆にＮＡＴＯ軍がソ連東欧圏への攻撃意志を示したのではないか、との疑念を生じさせた。ソ連側は相手を上回る防御手段として、同じく戦術核を配備したばかりか、敵軍用にも報復用にも使用可能な「戦域核」を配備して抑止しようとした。その情報が伝わるやＮＡＴＯ側は戦域核はもちろん、さらに射程距離五五〇〇キロメートル以上の「戦略核」さえ配備するに至ったのである。

互いの疑心暗鬼が生み出すもの

冷戦時代の相互不信に終止符を打とうとしたのは、一九八六年一月、当時のゴルバチョフソ連共産党書記長が、第二七回ソビエト共産党大会に際して行った演説によってであった。「いつまでも報復に対する恐怖、つまり『抑止』あるいは『威嚇』の論理の上に安全を構築することはできない」として、三段階の一五か年ですべての核兵器を二〇〇〇年までに完全撤廃しようとの提案を呼びかけた。いわゆるゴルバチョフの新思考の表明であった。一九八六年一〇月のレイキャビク米ロ首脳会談では、レーガン米大統領がこの提案を受け入れたばかりか、二人はさらに一〇年間で核兵器をゼロにするという、より短期の計画にさえ合意したのだった。だが一方では、そのレーガン大統領が宇宙空間でソ連の弾道ミサイルを迎撃しようとする戦略防衛構想（SDI、いわゆるスター・ウォーズ計画）に固執したために、ついに会談は決裂してしまった。同席したシュワルナゼソ連外相（当時）に、人類は千載一遇の核廃絶の好機を逸した、と口惜しがらせた一幕であった。

以上のような歴史的経過を見てくると、いかに米ロ両国が今日まで核対核、核対ミサイル、ミサイル対ミサイルの抑止政策を繰り返してきたかが理解できよう。両国首脳は折に触れて米ロの友好関係を強調する。しかし外交辞令とは裏腹に、互いの疑心暗鬼が生み出す「矛と盾」

の開発競争にうつつを抜かす大国の〝業〟とでもいうべき姿が、否応なく浮き彫りにされてくる思いがする。

（2012・1・15）

悪しきシナリオに踊らされるな

「報告」を利用しようとする勢力

近年は民主党、自民党を問わず、国防族議員を中心とした言動にきな臭さが目立つ。もともと彼等の多くは、わが国への内政干渉にも等しい二度の「アーミテージ報告」（二〇〇〇年、二〇〇七年）に反発するどころか、むしろ好都合な外圧ととらえ利用してきた節さえある。主に戦争体験のある議員たちが守っていた日本国憲法の理念に基づく安全保障政策を、戦後生まれの彼等は、あっさり乗り超えるのに何の抵抗感も抱いていないかのようである。その上、自分たちは自主的な判断によって行動しており、決して米国の指示に従っているわけではない、と言いたげに見える。だがそれは違う。以下に示す事実を直視すれば、そうした点が通用しないことは明白である。

アーミテージ報告がまず指摘したのは日米安保条約と日本国憲法との関係だった。日本の対米協力は憲法の制約があるためにきわめて中途半端である。米国にとって満足できる日米軍事協力体制は、日本が集団的自衛権に踏みこむことによって初めて実現できるとした上で、日本国憲法がその妨げとなっているとまで断言している。この点に呼応したのが、かねて九条改憲を公言していた往年の安倍晋三首相であった。二〇〇七年五月には首相肝入りの有識者会議を立ち上げ、四類型を提示して集団的自衛権の可否を検討させ始めた。ところが首相が一年近くで辞任したため報告書はお蔵入りに終ったが、国防族議員からは今も集団的自衛権行使の必要性が強調されている。

アーミテージ報告はまた、日本が宇宙の平和利用原則（筆者註：一九六九年五月の国会決議）を変更し、安全保障協力を強化するための宇宙利用について国会が議論しようとしていることを歓迎する、とも述べている。これに呼応する形で日本はミサイル防衛（ＭＤ）をビジネスチャンスととらえる政財界の声を背景に、二〇〇八年五月には「宇宙基本法」を可決し、非軍事利用に限った原則を放棄して「安全保障に資するよう行わなければならない」と改定するに至った。

次にアーミテージ報告は、日本の武器輸出禁止の解除をＭＤに限定せず、他の禁止事項も解除して拡大すべしと求めている。また科学技術予算を防衛技術の研究開発費に使えるようにすること、さらに米国と日本政府間そして日米軍間の関係が改善するにしたがって、より密接な防衛産業間の協力も確立すべきである、ともしている。そこには日本の予算を狙う米国の軍需産業界あるいは武器ブローカーによる、露骨な野心が込められている点を見逃せない。

「武器輸出三原則」の変遷と日本の姿勢

対する日本はどうか。そのことに触れる前に、簡単に「武器輸出三原則」の変遷を振り返ってみたい。古くは一九六七年の佐藤栄作首相時代に共産圏諸国、紛争当事国、国連決議による指定国への武器輸出を禁じた三原則が国会で決議された。その後一九七六年の三木武夫首相時代には、三原則に加えてその他の国にも輸出を慎むことが政府の統一見解として出された。ところが一九八三年以降になると、国会決議や法制化することもなく、米国への武器技術供与を皮切りにして官房長官の談話という形で、個別に例外を認めるようになってしまった。そしてついに昨年（二〇一一年）一二月には、一定の基準を満たすものであれば、「一律に」例外扱いにする旨の官房長官談話が発表された。つまり米国や友好国との国際共同開発・生産への参加を可能にしようというのだ。そうなれば日本も手掛けた武器が、なし崩しに第三国に輸出される可能性も否定できなくなる。われわれは海上自衛隊が給油した燃料が、米軍のイラク作戦に流用されていた疑いを指摘した「ピースデポ」の成果を、そう簡単に忘れ去っていいものだろうか。

こう見てくると国防族議員たちが、いかに国際協力・貢献の美名でカムフラージュしようとも、しょせんは「アーミテージ報告」のシナリオに沿った従順な演技者に過ぎない、ということになろう。

（2012・2・15）

国連への公開質問状

処分問題は避けて通れない

日本政府は各自治体に対して、東日本大震災で発生したがれきを被災地以外で受け入れる「広域処理」への協力を訴えている。被災地の復旧に協力するために、共に痛みを分かち合ってほしい、との期待からだ。徐々にではあるが、受け入れを表明する自治体も増加の兆しをみせており、そのほとんどはがれきの放射性物質の濃度と安全面の確保を前提としている。

しかしこれらはあくまで末端の一時的処理に過ぎず、抜本的問題は高濃度の放射性廃棄物を納める中間貯蔵施設、さらには最終処分施設をどこに、またどう建設するかである。この点は独り日本における緊急時であるばかりか、人類共通の悩ましい課題でもある。

原子力発電所に先行して開発されたのは、原爆や水爆の核兵器であったが、東西冷戦中は使用後のことなど全く考慮されることなく、やみくもに量産を競い合ったのが実情だった。そして冷戦の終結が実現して初めて、ことに米ロ両国は膨大な核弾頭を処分する必要が生じるようになった。その意味では原発もかなり後になるまで、どう解体廃棄するかの研究は行われないまま造られていた点で、核兵器と軌を一にしていたといえよう。もともと原子力潜水艦の原子炉を陸上に移した原発の由来を考えれば、一九七〇年代になって潜水艦の寿命から原子炉システムの処分が検討され始め、原発についてもそのことが認識されだしたとしても不思議はなかった。

現在、世界には約二万二〇〇〇発[*1]の核弾頭が存在するとされ、また原発の原子炉数は四三五基[*2]に達している。今後、核兵器が増産されず、原発も現状維持のままだと仮定したとしても、それらの解体によって莫大な量の高レベル放射性廃棄物を生じることは想像に難くない。しかも原発は稼働させている限り、そこからの放射性廃棄物量が日々加算され、ましてや建設・計画中の原子炉が二二三基（たとえその全部が造られないとしても）あることを考えれば、特定の限られた国での再処理能力をはるかに超えて蓄積されていくのは目に見えている。いや、この点についていえば、再生可能エネルギーを主とする「脱原発依存」政策を進めた場合であっても、それが完結するまでの移行期や廃炉の解体に際しては、高レベル放射性廃棄物の処分問題は避けて通れないことになる。

本来の理念にもとづき難問の解決を

したがって時に不毛の議論とまでいわれたりする「脱原発派」対「原発推進派」の対立があろうとも、放射性廃棄物の最終処分に関しては、両者の立場を超えた共通の課題であることを強く認識しなくてはならない。もちろん処分施設は核兵器または原発を所有する国が、自らの責任において自国内に設置するのが建前であることは当然である。だが、その自明の理がいかに困難なものであるかは、いま処分場が決まっているのがスウェーデンとフィンランドの二国に過ぎない事実をみても分かる。一つには高レベル放射性廃棄物をガラス固化し、金属容器に入れて地下約三〇〇～五〇〇メートルに埋設したとしても、プルトニウムの半減期などを配慮した一〇万年近くの安全をどうやって保証できるのか、といった厄介な疑問も出されたりしているからだ。

国連はかつてアイゼンハウアー米大統領による「原子力の平和利用」提言に応える形で国際原子力機関（ＩＡＥＡ）を発足させた。以来、ＩＡＥＡは原発建設を望む国々へ積極的に関与し、その推進を計ってもきた。今回の福島原発事故以降もそうした姿勢に全く変わりはなく、国連もその方針を後押しする意向を示している。しかし一方で国連は、折に触れて次世代の人々のためにも、地球環境の保全（地球温暖化防止など）の必要性を力説しているではないか。もしそれが本来の理念であるというのなら、今後も放射性廃棄物の蓄積に手を貸すのではなく、世界の英知を結集して、この人類の難問解決にこそ全力を注ぐ責務があるのではなかろうか。

（２０１２・４・１）

＊1　二〇一九年六月現在、世界の核弾頭の総数は約一万三八八〇発。（参照：中村桂子『核のある世界とこれからを考えるガイドブック』ＲＥＣＮＡ叢書、法律文化社）

＊2　二〇二〇年五月現在、世界の稼働可能な原子炉は約四四〇基。（参照：世界原子力協会ホームページより https://www.world-nuclear.org/information-library/current-and-future-generation/plans-for-new-reactors-worldwide.aspx）

たかが、ではない世論調査を

二者択一の設問の問題点

新聞やテレビによる世論調査は、民主主義国家として欠かせない社会指標の一つである。政府もその結果を無視できないばかりか、時には政権交替にとどめを刺す場合さえあり得る。

筆者も各種の世論調査には関心を払っているが、それだけに事柄によっては注文を付けたいことが少なくない。とくに内容の異なる多くの項目をいっしょに調査したものでは、設問によって「賛成か、反対か」の二者択一のみに終っていて、見る人に誤解を与えやすい点が気になる。

たとえば現在もっとも関心の高い原子力発電所の事例を取り上げてみよう。一九九六年九月というから今から約一六年前の『毎日新聞』に、こんな世論調査の結果が報じられている。九州・山口で成人男女一〇〇〇人を対象とした、二、三の質問に対する回答である。

「あなたは原子力発電に賛成ですか」との問いでは、賛成一一パーセント、やむを得ない六一パーセントで計七二パーセントの大多数が容認派であることが分かるとしている。ところが次に「自分の住む県内の原発建設に賛成ですか」の設問になると、反対五七パーセントと過半数を占め、賛成は一三パーセント、やむを得ない二〇パーセントに過ぎず、二つの問いに対する賛成、反対の逆転がハッキリと見てとれるという。この結果は何を意味しているのだろうか。

設問一では電力を確保するために化石燃料に頼れば、地球温暖化を加速させることになり、そうかといって水力、風力、太陽光発電の本格化にはまだ時間がかかる。とすれば現状としては原子力発電に頼らざるを得ない、との第三者としての客観的判断が働いたと見るべきであろう。しかし設問二の自分の住む県に原発をもってこられるとなると、安全性その他の点で困る、という〝我が身〟としての判断が如実に示されたのではないか。その証拠にさらに内訳を見れば、原発に賛成の人の二〇パーセント、やむを得ないとした人の四八パーセントまでもが自分の県となると反対へと意見を変えている。つまり他所の県が引き受けてくれるのだったら、といった願望を込めての賛成であったことを示唆しているのだ。この場合の世論調査が、もし設問一のみであったらそうした本音を知ることもなく、建て前としての原発賛成多数で終ってしまったに違いない。

〝誤った世論〟へ加担していないか

より端的な例は沖縄の米軍基地問題についてもいえる。全国的な世論調査で「沖縄の基地の整理統合は行うべきと考えますか」との設問に対して、圧倒的多数の人がそうあるべきだと解答する。また「沖縄の負担を軽くするためには、本土も相応の基地機能の受け入れをすべきと考えますか」との設問に対しても全く同様の答えが返ってくる。ところが実際に米軍の実弾砲撃訓練の移転先候補地が示されたり、空中給油機の移駐予定地が発表されたりすると、関係自治体や住民はこぞって反対の意志表示をする。日頃、日米安保条約は日本の安全保障上欠かせない、と強調する人であっても、いざ自らの土地に基地機能が移されそうになると反対に回る人が少なくないのも事実だ。

以上の事例から導かれる教訓は、世論調査を行う側がありきたりの慣行にしたがって、単に第三者的意見を聞けばそれで事足れり、と済ますだけでは不十分なこと。それに加えて、項目によってはメリハリをつけ、解答者のある種身勝手な本音をあぶり出すような設問を工夫する必要が望ましいことである。また受け手の側もどこかよそ事として建前論に立つのではなく、常に当事者となった場合を想定して、両者の考え方に大きな落差があるか否かを判断する。そして場合によっては、我が身を削ってでもその落差を埋めるための本音の解答が求められよう。

たかが世論調査だから、と通り一遍の返事でお茶を濁す人が増えれば増えるほど、いつしか〝誤った世論〟の流れに自ら加担していることを忘れてはなるまい。

（2012・5・15）

ナチスは原爆開発にかかわっていたか

実験の発展を押しとどめたハーン

当時の最も科学先進国であり、しかも世界征服の野望に燃えたヒトラーのドイツが、なぜ原子爆弾の開発に遅れをとったのか、については多くの論及がなされている。意外にもヒトラーは原爆に関心を示さず、むしろロケット兵器（後のV1号、V2号）に興味と関心を持っていたからだ。いや、物理学者の中には原爆関連の研究に着手した者もいたが、物理学者と実際の製造技術者との間の連携がうまくいかなかったためだ。また原爆製造に不可欠なドイツ軍が造ったノルウェーの重水製造工場が、連合軍の猛爆で破壊されたために阻害されたのだ（ただこの点は早い時期に修復されはしたのだが）。

そして何よりも核関連の卓抜した学者としても、もしドイツが原爆を造れるとすればこの二人の力をおいてはない、と目された人物の行動が焦点となったのだ。オットー・ハーンとウェルナー・ハイゼンベルクがその二人だった。二人はドイツの敗戦まで祖国に踏みとどまっていた。そのためユダヤ人排訴を逃れて早期に亡命した学者たちは、御用学者の疑いの目で見る者も少なくなかった。だが筆者が調べ得た限りでは、事実はその逆であり、彼等は独自の方法でいかに狂心的な〝アーリア人的物理学〟の世界を生き、また原爆という悪魔的魅力から人々の関心を外らさせようと苦労したかを伝えるものであった。

オットー・ハーンは一九三八年ベルリンのカイザーウィルヘルム研究所において、中性子の衝撃によってウラニウムからバリウムを生じる、という証明をしたことで一躍有名になっていた。しかしハーンは同時に、この結果が、世界中の物理学者が密かに抱いているであろう懸念につながりかねないのを知っていた。中性子をぶつけてウラニウムから色々な元素ができるときに凄じいエネルギーが発生すれば、人類がかつて経験したことのない爆発力を持った爆弾の製造も可能になるという懸念であった。ハーンは、日頃からヒトラーの野心を強く批判的に捉えていて、何回勧められてもナチスへの入党を拒否し続けた。そしてナチスがこの種の研究に協力を求めてくるのを防ぐために、あえて実験を発展させようとはしなかったのだった。

にもかかわらずハーンの下で研究していたハンガリー人のレオ・シラードは、こうしたハーンの決意を知ることもなく、早期に反ユダヤの風潮を逃れて英国に亡命していた。その後米国に渡るやシラードは「このままではドイツが原爆を開発するはず」との思い込みに駆られ、ついに彼がアインシュタインにルーズベルト大統領あて連合国の原爆開発を先行させるよう要請文を送らせる火つけ役となったのだった。

亡命を拒否したハイゼンベルク

一方ウェルナー・ハイゼンベルクは一九二五年に量子力学を提唱し、三二年にはノーベル物理学賞を弱冠三一歳で受賞していた。しかしナチスの物理学界で批判されている学説を擁護したりしたため、次第に身の危険にさらされるようになり、多くの友人から亡命を勧められた。彼は自分の許《もと》にいる若い物理学者を置いて、自分だけ亡命する気持ちにはならないと拒否し続けた。後にハイゼンベルクは原子核エネルギー開発の研究委員会の責任者にさせられたが、頭の中では原爆も含めて先の見通しはあったものの、そうしたことは一切告げなかったという。委員会の結論は「将来もしかすれば、この原子核分裂を応用してエネルギー源になり得る可能性があろう」というに過ぎなかった。

連合国側がもしこれらドイツ核物理学者リーダーたちのナチスに対する本心を知っていたら、果たしてマンハッタン計画は遂行されたであろうか。いや、たとえ知っていたとしても、科学先進国のドイツが原爆開発で先行していないはずはない、と彼等の思い込み（実際には完全に間違っていた）の方が計画を推進させた可能性がより高かったのではあるまいか。（2012・7・1）

非核三原則・核燃料サイクル・潜在的抑止力

見過ごせない記録

自民党の石破茂元防衛相は雑誌『サピオ』の昨年（二〇一一年）の一〇月五日号で、「原発をなくすことはその潜在的抑止力をも放棄することになる」との見解を示した。原発推進派がこれに勇気付けられ、彼等の説く原発維持の有力な理由の一つに引用されているという。

そのことは筆者から見れば、今や破綻しつつある「プルサーマル計画」の負の側面を浮かび上がらせ、また非核三原則の法制化に異常なほど抵抗する一つの根拠を露呈して見せたように思われる。潜在的抑止力という考えの源流は、筆者がこれまで何回か指摘してきたように、一九六九年九月に外務省の外交政策企画委員会がまとめた「わが国の外交政策大綱」という秘密報告書にある。ここでは「日本は核不拡散条約（NPT）に参加すると否とにかかわらず、当面、核兵器は保有しない政策をとるが、核兵器製造の経済的・技術的ポテンシャルは常に保持すると共に、これに対する掣肘《せいちゅう》を受けないよう配慮する」と記されている。実際にどう核兵器を保持するのかは別として、日本の核武装の可能性や能力をチラつかせることによって抑止力を温存しようというのだ。

河野洋平外相の折にこの文書の存在が公にされ、外相は全面的にそうした意図を否定した。しかし外務省OB、国防族の政治家および右翼系学者の間では、潜在的抑止力の概念として今なお受け継がれ、折に触れて本音が表に出てくるのが実情である。このこと自体、時代錯誤的な認識である点は言うまでもないが、筆者にとってより見過ごせない記録がこの秘密文書作成の過程で残されている事実を指摘しておきたい。それはごく最近、物理学者藤田祐幸氏も『毎日新聞』紙上で語っておられるように、一九六八年一一月二〇日の議論の中でのやりとりに見られるものだ。まず外務省の国際資料部長がこう発言している。「高速増殖炉等の面で、すぐ核武装はできるポジションを持ちながら平和利用を進めて行くことになるが、これは異論のないところだろうと思う」。つまり原発の推進と核兵器製造への転換はいつでも可能な状態にしておく、この姿勢を指しているのであろう。

核武装化への野心とカモフラージュ

さらに同部長は「高速増殖炉ができるまでプルトニウムの使い道はなく、たまる一方になるが、それはすぐ爆弾にはならないのか」と質問し、外務省の科学課長がすぐに爆弾になる旨答えると、「そうすると次の問題は、いかにしてその爆弾を運ぶかということになるな」と語っている。

　このやりとりから浮き彫りにされてくるのは、当事者たちの中には、単に核兵器の製造能力のポテンシャルを外に示すだけでなく、実際に核武装の手順を考えていた者が存在していたことを如実に示したと言えよう。しかも外部からその意図を探られないように、佐藤栄作首相の唱えた非核三原則を正面に立てて、日本はいかなる種類の核兵器とも無縁であるかのように装う。真の非核を願うNGOや市民がいくら三原則の法制化を強く求め続けても、いや、三原則はすでに国会でも決議されていて国是となっており、いまさらその法制化を計る必要はない、というのが従来の政府与党の一貫した対応であった。だが先の秘密文書作成の過程で、たとえ一部にせよ、公然と日本の核武装実現を計る者が存在していたことを考えれば、本心をカムフラージュするための方便としての非核三原則であり、彼等のいう「これに掣肘を受けないよう配慮する」ための道具であった側面が垣間見えてくるのだ。

　同じく側面ということで言えば、これまでの政権が挙《こぞ》って核燃料サイクルに固執し、また諸外国がすべて撤退する中で独り日本のみが高速増殖炉に未練を断ち切れないのはなぜか。[*1] それはつまり〝夢のエネルギー〟実現を、などという美名に隠れて、じつは潜在的どころか、いざとなれば核武装化も辞さない野心を秘めていたということになりはしないだろうか。

（2012・9・1）

＊1　高速増殖炉「もんじゅ」は、相次ぐ事故や不祥事で、二〇一六年一二月に廃炉が決定。稼働日数は、二二年間でわずか二五〇日。しかし、新たな高速炉の開発が、現在も進められている。

オバマさん、がんばれ

被爆地としての切実な願い

米大領選挙もいよいよ大詰めを迎えようとしている。各種の米世論調査では、現職の民主党バラク・オバマ大統領が共和党のミット・ロムニー前マサチューセッツ州知事を引き離しており、選挙の行方を左右するといわれる激戦州でも優位に戦いを進めていると目されていた。激戦州とは、フロリダ、バージニア、ノースカロライナ、オハイオなどを指す。

ところがここに来てちょっとした波瀾《はらん》が起こった。一九六〇年にケネディ氏とニクソン氏との間で初めて行われた大統領候補者同士のテレビ討論は、七六年から恒例化して今度の選挙でも第一回が一〇月三日にコロラド州で行われた。たかがテレビ討論と侮ってはいけない。それどころか毎回のように視聴者の関心をそそるエピソードをまじえながら、選挙の行方にかなりの影響を及ぼしてきたのも事実であろう。

その意味からいえば、米国や日本のマスコミ報道で見る限り、今回のテレビ討論はオバマ氏にとって軒並み芳しいものではなかった。ロムニー氏が得意とする経済政策が主要テーマであったにせよ、弁舌を武器とするオバマ氏が意外にも防戦に終始し、〝精彩を欠いた〟と報じられていた。もっともロムニー氏にとっては、この討論会で負ければ絶望的になるとまでいわれていたのだから、何とか今後に望みをつないだと見るのが正直なところかも知れない。討論会は第二回が一〇月一六日ニューヨーク州、第三回が二二日フロリダ州へと続く。

さて本稿で米大統領選挙のこれまでの推移を取り上げたのには訳がある。いや、訳があるというよりも、被爆地としての切実な願望を時期米大統領に賭けているといったほうが正しい。もっと端的にいえばぜひともオバマ氏に勝ってもらいたい、〝共和党の〟ロムニー氏では絶対に困るということだ。以下にその理由を述べよう。

共和党と米国防総省の軍事的野心

米共和党は去る八月二八日、内政・外交全般にわたる政策綱領を採択し、選挙の柱とすることを決定した。その中で外交・安保分野では、国際協調主義や核軍縮といったオバマ政権の主要政策を否定し、最強の軍事力を背景にして米国が国際問題で主導的役割を果たすことを強調している。米国は世界で特別な任務を帯びた国であるとし、国連などの国際機関についても、ともに行動するものの、独自の道を行く権利を常に持たねばならないと断じてもいる。また核戦力については、「中国やロシアに対する抑止力として、強力で効果的な戦略核兵器はなお必要」とし、国防費増加やミサイル防衛拡充を求め、中国やロシアに強い警戒感を示した。

こうした米共和党の政策綱領から読み取れるのは、G・W・ブッシュ政権時代の力による平和、単独行動主義そして抑止力としての核兵器への依存であり、そこにはイラク戦争を頂点とする失敗の数々を反省しようとする片鱗さえうかがえない。ロムニー氏もそれに沿う形で、多国間協力で国際問題の解決を図ろうとするオバマ氏に対し、「後部座席から世界を指導している」とか、「弱腰外交」と呼んでこき下ろしている。しかし共和党のより危険な点は、米国防総省の軍事的野心を、そのまま遺伝子として内在し、引き継いでいることにあるのではなかろうか。それは一九九二年に米国防総省から発表された「国防計画指針」の中で、露骨すぎるとして公表時に削除され、のちにメディアによって暴露された一節を見れば明白だ。「……冷戦後にくるものは多極的世界ではなく、米国の『一極覇権』でなければならない。その際、国連や他国の協力は必須条件であってはならず、また西欧、アジア、旧ソ連地域において、米国と競合し得る大国の台頭は阻止されなければならない……」。

以上の理由から被爆地は心からオバマ氏の再選を願い、その上で「プラハにおける誓い」を必ずや実現されんことを期待している。

（2012・10・15）

〝知日派〟と呼ばれる人たち

〝知日派〟イコール〝親日派〟か

日本のマスメディアは特定の米著名人に対して、しばしば〝知日派〟の誰それとして報道する。だがうっかりするとこの呼称は、一般の人たちに誤った認識を与えかねない要素を含んでいる。

〝知日派〟イコール〝親日派〟と思い込ませてしまうことがあるからだ。その場合、念頭に浮かぶのがライシャワー元駐日大使であったり、現代では歴史学者のダワー・マサチューセッツ工科大学名誉教授であったりする人もいよう。ところがマスメディアのいう〝知日派〟の中には、上辺はいかにも日本のためを思って忠告する振りをしながら、その実、あくまで米国の国益を押しつけようとするエセ親日派がまぎれ込んでいることを忘れてはならない。

そうした代表格の人物を挙げるとすれば、つい先頃の一〇月二二日にも来日し、官邸で野田首相と会談したほか、玄葉外相や自民党の石破幹事長と会談したアーミテージ元国務副長官

（本書四〇ページ「悪しきシナリオに踊らされるな」参照）であろう。氏に随行したのは元国務次官補を務めた現ハーバード大学のナイ教授、そして会談後にはハドリー元大統領補佐官（国家安全保障担当）も加わっている。今回は主としてアジア太平洋地域の平和と安定のために、日米同盟を有効に機能させることなどが話し合われたという。

二つの「報告」の効果

なぜアーミテージ氏を槍玉に挙げたのか。断るまでもなく、これまで事あるごとに来日しては日本政府に圧力を掛け続けているほか、何といってもナイ氏と共に議長を務めてまとめた「アーミテージ報告」の内容に問題があるからだ。同報告は今年（二〇一二年）八月までに三回出されている。二〇〇〇年の報告では日米安全保障条約の現状を取り上げ、日本の対米協力は憲法の制約があるためにきわめて中途半端であると指摘。日本が集団的自衛権を行使できないのも、日本国憲法がその妨げになっているとして、内政干渉がましく改正を迫る論調が目を引いた。

この報告を見習ったとしか思えないのが、米議会付属の議会調査局が一一年一月にまとめた日米同盟に関する最新報告書である。ここでも日米協力の最も根本的な足かせとなっているのは、戦争を放棄して交戦権を禁じた日本国憲法の九条であると断言。集団的自衛権について、日本政府が行使できないと解釈していることが「密接な防衛協力にとっての障害」であると強調して口裏を合わせている。

二〇〇七年の「アーミテージ報告」ではより突っ込んだ具体的勧告がなされている。たとえばCIAによると日本の防衛費は世界でトップ5に入りはするが、GDP比では世界の一三四位にランクされているに過ぎない。我々は日本の防衛省と自衛隊が近代化を追求するときに、より適切な財源を獲得できることがきわめて重要だと考える（つまりもっと防衛費を増額せよとの要求）。日本は最近、日米ミサイル防衛計画への参加を考慮して、武器輸出三原則を改訂した。だが次の段階として、日本は残りの禁止事項も解除すべきである（つまり武器輸出三原則の撤廃を要求）。そして国の大きな科学技術予算の資金を、防衛関連の技術研究計画に充てることを認めるべきである。また米国と日本の政府間および軍間の関係を改善するにしたがって、我々はより密接な防衛産業間の協力も確立すべきである（つまり米軍需産業界の日本進出の権利要求）。さらに我々は通信、早期警戒、諜報分野における安全保障協力のための宇宙利用を、日本の国会が議論しようとしていることに関心を持ちつつ、今後の推移を見守るつもりだ。

以上二つの報告による勧告の効果は絶大だった。日本では自民党、次いで民主党政権もズルズルと彼等の要望を受け入れ、忠実に政策の改悪実現に協力した、または協力しつつあることが明白だからだ。その意味で彼等は〝親日的〟知日派ではなく、日本政府の弱点を知悉《ちしつ》の上それに付け込む〝迷惑な〟知日派と呼ぶべき存在に他ならない。

（2012・11・15）

軍靴の音は聞きたくない

三氏一致の憲法改正論、核武装論

日本維新の会の石原慎太郎代表、同会代表代行の橋下徹大阪市長、自民党の安倍晋三総裁（首相に選出される公算大）の三氏にはいくつかの共通項が見られる。

石原氏は尖閣諸島の東京都による買い上げ案を発表し、わざわざ日中間の〝寝た子〟を起こして両国の深刻な政治的、経済的対立を招かせた張本人である。橋下氏は既成政党の無能さを批判し、中央官僚支配の打破をスローガンにしてさっそうと登場したまではよかったが、立候補者の頭数欲しさに「太陽の党」と組んだばかりに革新の鮮度が失われ、期待した選挙民に大きな失望感を与えたことは否めない。また安倍氏といえば二〇〇六年に「戦後レジームからの脱却」を掲げて華々しく首相になったものの、政策の行き詰まりと選挙の大敗を受け、体調不良を理由にしてわずか一年で政権を投げ出した人物。

しかしこうした自らの犯したエラーを、三人とも持ち前の強弁や詭弁によって巧みに言い逃れ、今回は衆議院の議員選挙で勢力を伸ばそうとの野心に燃えている。同時に被爆地の立場から見過ごせないのは三氏とも憲法改正論者であり、さらに核武装論者である点だ。石原氏は今年（二〇一二年）一一月二〇日、日本外国特派員協会における講演をえらんで「日本も核兵器に関するシュミレーションぐらいやったらいい。これも一つの抑止力となる」と語っているが、氏の主張は何も今に始まったものではない。

古くは自民党の機関紙における佐藤栄作首相との対談で「佐藤政権には足りないところがある。はっきり日本の核武装を言えばいいのに」と進言したのに対し、個人的には核武装論者であった佐藤氏から「君より私の方が考えが進んでいる」と軽くいなされている。核武装に限らず、これまでの石原氏の度重なる嫌米、嫌中からくる発言を聞くと、ご本人の国士風英雄気取りは、もはや健全なナショナリストの域を逸脱した単なる排外主義的、差別主義的人物のそれでしかない。

“戦争ぼけ”に流されるな

橋下氏は今年（二〇一二年）一一月の広島市における講演で「核兵器廃絶は現実には無理だ。日本は平和ぼけし過ぎている。核保有を目指すと公言するのは日本ではあり得ない。しかし考えることは大いに結構だし、議論をやったらいい」と述べて物議をかもした。核武装の議論は大いにやってもいいというのは、じつは今から六年前に当時首相だった安倍氏の使った表現と酷似しているのだ。その頃、中川昭一自民党総務会長や麻生太郎外務大臣がしきりに日本の核武装発言を行ったため、首相の任命責任が問われるようになった。すると安倍氏は都合のいいときは言論の自由を持ち出して、二人の置かれている立場や地位、その及ぼす内外への影響には一切触れず、もっぱら議論することは許されるはずであり、やったらいいと逃げに終始した。

こうした人たちに限って、二言目には戦後の日本人は平和ぼけに陥っており、だから日本はアジアの国々からまでナメられてしまうのだ、と排外主義むき出しにして批判する。自分たちがどっぷりと戦後の平和時代を享受できたからこそ今日の自分があることは棚に上げ、ひたすら声高に平和憲法の改正や軍備増強の必要性を力説する。しかも並べ立てる言葉の端々から感じられるのは、高所から衆愚に向かって教えてやると言わんばかりの、鼻持ちならない傲慢さである。

国民はこの国を覆う閉塞感から逃れたい一心で、間違ってもそうした勇ましいスローガンに流されてはいけない。またひるんでもいけない。真剣に核兵器のない真に平和な世界を信じて日々努力している人たちに対して、彼等が〝平和ぼけ〟と呼びたければ勝手にそうさせればいいではないか。「武力には武力で」との冷戦思考からしか国の安全を考え切れない〝戦争ぼけ〟

の人たちよりは、数等倍人間的であり、包容力に富むことを誇りに思えばいいのだから。

（2012・12・15）

Ⅱ　核兵器の非人道性と安全保障　〈２０１３－２０１４〉

●2013 遠ざけられる拉致問題

対話の努力はなされたのか

「被害者家族の皆さんが、ご自身の手で子どもたちを抱きしめることができる日がやって来るまで、私の使命は終わらない」――これは一月一四日放送のラジオ番組で、安倍晋三首相が拉致問題について語った言葉だ。

似たような趣旨の発言は、安倍さんが前回の首相任期中を含めて、これまで何回発して来たことだろう。だがそれは本当に具体的な戦略があってのことだったのか、それとも拉致家族や支援の右翼グループに対する単なる願望を込めたパフォーマンスに過ぎなかったのか、といった疑念がつきまとう。なぜなら安倍さんの取った実際の行動は、そうした信念とはまるで逆の結果を生み出したとしか思えないからだ。

たとえば第二次小泉訪朝の際、小泉さんは蓮池薫、祐木子さん夫妻ら五名を日本に連れ帰った。北朝鮮との間では五名は一時帰国であり、所用が済めばいったん北朝鮮に戻る約束になっていた。ところが当時の安倍副官房長官が強くこれに反対し、全員戻らせないことにしてしまった。その件を承諾するに際して、北朝鮮に残してきた子どもたちの運命を思い、蓮池さん夫妻がどれほど苦悩したことか、当時の安倍さんには分かっていたのだろうか。北朝鮮は日本が約束を破ったとして激怒した。また二〇〇五年に北朝鮮から横田めぐみさんの遺骨として渡された骨のDNA鑑定をめぐって、権威のある英科学誌ネイチャーの報道と日本政府の見解が対立し、欧米の学者の中では今でも安倍さんら強硬派の政治的思惑が働いたのではないか、との疑いを持つ人が少なくない。さらに二〇〇六年に北朝鮮がミサイルをロシア沿岸近くに発射したとき、安倍さんは日本独自の制裁とともに、国連の安保理に対しても経済制裁を含む決議案を提出するよう主張した。二〇〇六年から〇七年にかけての前回の首相時代、対北朝鮮政策として安倍さんは「対話と圧力」とをもって臨むと公表した。しかし実際に目立ったのはもっぱら「圧力」の方であった。

今回、二度目の首相就任に際して、前回同様の方針を表明したが、昨年一二月の北朝鮮による事実上の長距離弾道ミサイル発射実験に対しても、日本独自の制裁を強化し、圧力を掛けて対話を引き出すつもりだという。そして近くまとめる予定の拉致問題に関する政府方針には「全ての生存者の即時帰国、行方不明者についての真相究明、実行犯の引き渡し」の三点を盛り込むつもりだとしている。拉致という卑劣な行為を憎む感情だけからすれば、決して無理からぬ要求だと言えるだろう。しかし外交面から冷静に検討した場合、安倍さんは「対話と圧力」のスローガンを掲げながら、その実、ほとんど対話らしい対話の努力がなされていないのに気付く。

「日朝平壌宣言」の原点に立ち返るべき

現在は中断している六か国協議の場では、北朝鮮外務省が好んで用いたある原則があった。つまり「行動対行動」の原則である。同国は現体制の生き残りを賭して、米国からの安全の保証を取り付けようと必死になっており、相手国が自国の利益に適う「行動」を取ったか否かが、唯一相手を信頼する尺度になるというのだ。その意味からすれば安倍さんのこれまでの行動は、彼等の目にあくまで敵対的としか映っていないに違いない。

理不尽な国にエサを与える必要はない――もし安倍さんがそうした考えに固執しているのだとしたら、自らの〝美学〟に酔うあまり、拉致家族の切なる願いを逆に遠ざける結果になっているとは思い至っていないのではないか。拉致家族の横田滋さん[*1]は、民主党政権時代に日朝局長クラスの話し合いが延期されたことを念頭に「ミサイル問題と切り離して継続して欲しかった」、また早紀江さんも「制裁を緩めてはいけないが、対話も大事だ」と早期再開を求めている。冒頭に記した安倍さんの発言が本心というのなら、一刻も早く先輩の小泉さんの英断に学んだらどうか。そして「日朝平壌宣言」の原点に立ち返って、対話による拉致問題の解決に当たることこそ使命とすべきではないか。もう時間はいくらも残されてはいないのだ。

（2013・2・1）

＊1　横田滋さんは二〇二〇年六月五日に死去。

二重基準を持つナショナリスト

国内向けと米国向けの対応の落差

今年（二〇一三年）の二月二二日、安倍晋三首相はワシントンにおいてオバマ大統領と初の首脳会談を行った。会談前の日米間折衝で、日本側は手土産の〝目玉〟作りに一苦労したようだ。

それというのも大統領が日本に対して強く求めている環太平洋パートナーシップ協定（TPP）の交渉参加は、自民党内に根強い慎重論があるために参加の表明は見送らざるを得ない。「聖域なき関税撤廃を前提にする限り、交渉参加に反対」との縛りが党内にあるためである。また安倍首相が最も当てにしていたシナリオとして、日本国憲法の解釈を見直し、集団的自衛権の行使を可能とするよう努力することに対し、オバマ大統領が支持を与えてくれるよう要望していた。しかし米政府側からは「日本が集団的自衛権の行使容認に取り組むのは結構なことだが、首脳会談で宣伝されるのは困る」と拒否されたという。大統領が支持したとなると、中国は日米が圧力をかけてきたと受け止め、態度を硬化させかねないと懸念したためだ。慌てた日本側は、国際結婚が破綻した夫婦の子どもの扱いを定めた「ハーグ条約」への加盟手続きを、早期に進める予定と報告することくらいしかめぼしいテーマが残されていなかった。そこに舞い込んだのが北朝鮮による三度目の核実験というニュースだった。昨年（二〇一二年）一二月の北朝鮮による事実上の長距離弾道ミサイル発射実験に続く今年二月の核実験は、もはや米国にとっても見逃せない『脅威』と映り、米大統領の一般教書で「世界を率いて断固たる行動をとる」と明言したように、今回の日米首脳会談でもにわかに緊急の課題として浮上してきた。

これら一連の動きをたどる中で、安倍首相の政治姿勢に対して筆者はいまさらのように疑問を抱かずにはおられなかった。一言でいえば、国内向けと米国向けの対応にみられる、余りに大きな落差ということになろうか。首相は前回、たった一年での政権放棄がよほど口惜しかったのか、当時の「美しい国、日本」への夢を蘇らせることに執念を燃やそうとしている。九条を含む憲法の改定、自衛隊に代わる国防軍の設置、集団的自衛権の行使、日米防衛協力の指針（ガイドライン）の見直し、自衛隊法の改正、国家安全保障会議（日本版ＮＳＣ）の創設等々、先の衆院選における自民党の圧勝を背景にして、国会審議の端々にその意欲と自信のほどをにじませている。加えて私的には靖国神社参拝の希求、慰安婦問題における河野談話の見直し、尖閣諸島への公務員常駐等々、取り巻きの右翼グループの歓心を買う発言にも余念がない。つまりナショナリスト安倍の面目躍如といっていいだろう。

ならば問おう。それは背信ではないのか

ところがこうした高姿勢が、対米国となると一変してしまうのだ。なるほど言葉の上では日米同盟の深化という名目で、いかにも対等のパートナーの交渉を装ってはいる。だが米国による〝核の傘〟が少しでも見直されそうな恐れが生じると、日本はその度に現状維持を強く要請する点では、安倍さんも何ら選ぶところはない。それどころか今回の事前折衝のように、日本の集団的自衛権行使の努力に米国からお墨付きをもらおうとするのは、まさしく中国に対して虎の威を借りようとする卑屈さでしかない。ガバン・マコーマックのいう「米国が押し付けた安全保障体制には批判せず、国内向けにはナショナリストのポーズを取る」例の典型なのだ。

安倍首相は折に触れて祖父の岸信介元首相の名前を出し、政治家として尊敬もし、誇りにも思っていることを隠そうとはしない。ならば問おう。とかく厳しい批判にさらされる岸さんの業績について、最近では旧日米安保条約の不平等さを改定し、日米行政協定（現在の日米地位協定にあたる）にもメスを入れようとしたとの声がある。だとすれば孫の首相が地位協定も含め

た沖縄県民の悲願には耳もかさず、米側の計画のみを忠実に履行しようとするのは、祖父への背信とはならないのか。

（2013・3・15）

改憲云々を言う前に

米側の圧力に便乗しての企み

今年（二〇一三年）の三月六日から三月二七日に及ぶ全国にまたがる訴訟で、昨年一二月の衆院選について一四の裁判所が違憲の判決を、二つの裁判所が違憲状態の判決を下した。違憲判決のうち二つは同時に選挙無効とまで断罪した。

司法がこれほど足並みをそろえたのは、一年九か月前に最高裁がいまのまま放置すれば違憲状態になるとの警告を行っていたのにもかかわらず、立法府の国会は是正を図ることなく現在に至った怠慢を、司法の側が痛烈に思い知らせた結果と見るべきであろう。しかもこのことは単に立法、司法だけの問題ではないはずだ。憲法にある通り、正当に選挙された国会における代表者から成る「国権の最高機関」（第四一条）であることを考えれば、われわれの民意が平等に反映されていないことに主権者の国民はもっと怒りの声を上げていい。

また忘れてならないのは、こうして自らは憲法に違反しつづけていながら、一方では自民党のように平然と改憲を唱えるおこがましさである。前回の二〇〇六年もそうであったが、安倍首相は今回も就任早々、第九六条にもとづく改憲のハードルを低くし、近い将来には第九条の解釈改憲による国防軍の設置と集団的自衛権の使用を可能にする意図を隠そうとはしていない。つまり自衛隊を米軍と一体化させ、海外派兵への道を容易にしようというのだ。自力では実現できなかった結党以来の自民党の野心を、アーミテージ報告書などを通じた米側の圧力に便乗して押し切ろうとの企みである。北朝鮮や中国との間の緊張関係や近年の日本社会の右傾化が、われわれに利ありとの判断を促した点も大きい。

国会議員としての重大な義務違反

だが筆者がもう一つ注目したいのは、安倍首相をはじめとする改憲派のこれまでの言動である。何とかの一つ覚えのように「現行憲法は占領軍によって押し付けられたもの」だとか、「米側がごく短期間にやっつけ的に作り上げたもの」、さらに「憲法が翻訳調の悪文で日本語の体をなしていない」などと非難し、今こそわれわれ日本人の手による自主憲法を制定すべきだと主張してきた。維新の会に至っては新しい綱領の中で「絶対平和という非現実的な共同幻想を押し付けた元凶である占領憲法を大幅に改正し、国家、民族を真の自立に導く」と明記するなど、石原慎太郎共同代表の妄想じみた思想を色濃く反映している。

しかし現行憲法を悪しざまに批判、中傷し、その品格を貶《おと》しめてきた彼等は、自ら国会議員の重大な義務違反を告白したに等しいことを分かっているのだろうか。「天皇又は摂政及び国務大臣、国会議員、裁判官その他の公務員は、この憲法を尊重し擁護する義務を負う」（第九九条、傍点は筆者による）の文言をよもや忘れたとは言われまい。なお「憲法押し付け論」は多くの識者によってすでに論破されているが、中でも筆者が指摘したいのは以下の点である。

ＧＨＱから新憲法の作成を求められた日本政府が、旧帝国憲法の字句の修正程度を伴う憲法改正要綱を提出したものの、ＧＨＱ側がこれではポツダム宣言を踏まえた改正という名に値しないと見切りを付けたこと。マッカーサー元帥は占領政策を円滑に遂行するために天皇制を維持させることを決意していたが、上部機関の極東委員会には天皇を戦犯として訴追すべしとする国々が多く、日本の抜本的改憲と非軍事化による説得が不可欠と考えられたこと。同委員会が本格的活動を開始する一九四六年二月末までに、何としても米側の案を提示し、日本政府に改憲作業を急がせる必要があったという一連の事実である。この間の歴史的経緯を「日本の前途と歴史教育を考える若手議員の会」の事務局長であった安倍首相は先刻承知のはずで、これを無視して批判を繰り返してきたことはまさしく憲法違反の常習者であって、この点からも改憲発議の資格はないと言うべきであろう。

（２０１３・４・15）

若者を再び戦場に送るな

もし改憲が実現していたら……

憲法問題について若い人たちの関心がまだ薄いという。確かに招かれた講演会場の先々でも、目立つのは中高年の方々ばかりという体験も少なくなかった。若い人たちにとっては、憲法が自分たちの生活に直結してるとの実感に乏しいのと、改憲によってどういう弊害が生じるのか遠い先のこととして捉えているためであろう。

本来的に機能している憲法とはそういうものであっていいのかも知れない。国家の基本となるきまりは空気のようなもので、平和な日常生活の中では存在していて当たり前となり、いちいちそれを自覚している訳ではないだろう。なぜならいったんそれがゆがめられたり、阻害されたりしてみて初めて存在のありがた味に気付かされる類いのものであるからだ。今がまさにそういう時代に当たっている。安倍晋三氏という国士気取りの首相の再登場によって、国民が戦後六八年にわたって築き上げてきた平和国家日本の在り様を、大きく曲げようとしているためだ。

戦争の何たるかを知らず、真の苦労も味わったことのない世代が日本の大部分を占めている現状を見れば、若い人たちに危機意識が乏しいとしても無理はないだろう。安倍政権と自民党はその点に付け込み、北朝鮮や中国の脅威を奇貨として偏狭なナショナリズムを鼓吹し、煽《あお》って、「国防軍」の設置に賛同を得ようとしている。憲法九条の二項に代えて国防軍の設置と集団的自衛権の行使が可能になれば、当然のことながら米軍への戦闘協力として日本軍も一体化した行動を共にすることになる（もっとも「周辺事態法」に見られるように、米軍の主導に従属するのが実態であろう）。こうなれば過去に出された米国の「アーミテージ報告書」の要求にも応えたことになろうというものだ。

絵空事ではない徴兵制の復活

こうした改憲がもっと早期に実現されていたとしたら、アフガンやイラク戦争時には復興支援の非軍事協力などではなく、恐らく戦場で銃を手にした日本の国防軍として、アフガニスタンやイラクの人たちの殺害に手を貸していたに違いない。また戦闘が長期化した場合、志願制度による現在の自衛隊員数では足りなくなる可能性がある。人口が日本の約二倍弱の米国においてさえ、大がかりな戦争では予備役兵の動員がなされた。防衛省は平時であるにもかかわらず、二〇〇六年くらいから少子化に伴う自衛隊志願者数の減少を防ぐために、より積極的なPR活動を行う必要があるとの方針を打ち出している。しかし日本の人口統計予測によれば、今後は人口減少に歯止めがかからず、遠くない将来には一億人を割り込むことが予知されている。その点を裏付けるデータとして、総務省は今年（二〇一三年）四月一日現在、一五歳未満の子どもの推計人口が一九八二年から三二年連続の減少を示し、人口と子どもの割合とも一九五〇年以降で最低を更新したと報じたことは注目に値する。

他方、米国といえば第二次大戦以降、小さいものも含めればほとんど毎年のように地域紛争ないし戦争に介入している。規模の大きな場合には多国籍軍や有志連合の形で他国に軍支援を要請してもきた。日本が九条を改憲して国防軍による集団的自衛権の行使が可能となれば、そうした支援要請を拒否することはまずあり得ない。だとすれば行き着く先はいうまでもあるまい。「徴兵制」の復活は決して絵空事ではないのだ。自分たちは安全地帯に居ながら、若者たちにそうした役割を押しつけることを、改憲派の政治家連中なら平気でやりかねないだろう。若い人たちに知ってもらいたいのはこの点なのだ。憲法が古くなってきたからだとか、米国に押しつけられたものだから、などといった軽い気持ちで本当に改憲に賛成していいのか、自らだけでなく自分たちの子どもや孫たちのことも考えて、誤ったナショナリズムに決して踊らされないよう戦中派の一人として切望しておきたい。

（2013・5・15）

理念なき日印原子力協定交渉

協議の場での日本の沈黙

「米、ソ、仏、英、中の五か国には核兵器の保有を認め、その他の国々には核兵器の保有を認めないのは明らかに不平等であり、インドはそのような条約に加盟するつもりはない」。これは国連軍縮会議をはじめとする国際会議において、インド代表が繰り返し述べた言葉であった。

確かに核不拡散条約（NPT）は設立の当初からこうした不平等性を内蔵しており、その意味では加盟に賛同した非核兵器国の中にも、インドが自分たちの不満を代弁してくれた、との思いを抱く国も少なからずあった。ただ一方では、核兵器保有五か国が参加した核軍縮を扱う唯一の多国間条約であることを考慮すれば、不満ではあってもNPTに活路を見い出そうとする二〇〇近くの国々が、最終的には加盟の道を選択し、現在に及んでいるのが実情だ。

ところが当のインドが一九九八年五月、相次いで二度の核実験を行うに至って、国際社会はインドに裏切られたとの思いに駆られ、その行為を厳しく非難した。欧米諸国や日本などがインドへの経済制裁を課したのも、当然の成り行きであった。それにもかかわらず、事態はあっけなく幕引きを迎えた。NPTを主導してきた米国自体が、産業界の要望を容れたブッシュ政権によってインドを有力な原子力市場とみなし、また対中国への同盟国とみなすことによって米印原子力協定の締結を強行し、事実上NPT非加盟のインドを第六の核兵器国として黙認してしまった。

この間、国際原子力機関（IAEA）は米国の身勝手な変節に迎合し、理事会において特例的に保障措置協定案を承認した（筆者のエッセー「視野狭窄に陥ったIAEA」[*1]参照）。IAEA理事国三五か国の一つである日本は、同時に米印協定発効に必要な原子力供給国グループ（NSG）の一員でもある。日本政府は常々NPT体制はあくまで維持、強化すべきものと主張してきたはずだった。それなのに二〇〇八年八月に開かれたNSGの協議では、北欧諸国やオーストリア、ニュージーランドなどが「なぜインドだけに例外が許されるのか」「NPT加盟やCTBT（包括的核実験禁止条約）批准なしの無条件のままでは米国の要請を承認できない」と強く反対意見を述べたのに対し、日本政府代表は沈黙を通し、最終的には賛成に回った。

被爆国の倫理より経済的利潤追求を優先

時は下って今年（二〇一三年）の五月末、インドのシン首相が来日した。日印の経済交流促進が目的とされているが、その中でも注目されるのが原子力協定の交渉加速が確認されたことだ。安倍政権は日本企業の原発関連技術や物資の輸出を増やすため、各国と原子力協定の締結交渉を進めている。しかしこの点については、東京電力福島第一原発事故の原因や実態について、まだ十分な科学的解明が総括されていないのに、海外に原発を売り込もうとする利益優先の姿勢には厳しい批判が付きまとっている。加えてインドの場合は、ここまで述べてきたように問題点が多過ぎる。NPT非加盟国であるインドへの原子力技術供与は、疑いなくNPTの条項に違反する。米、ロ、仏、韓国などもすでに禁を犯しているなどと言い訳するのは見苦しい限りだ。事あるごとに〝唯一の戦争被爆国日本〟を売りにしてきた日本政府ならば、他国がどうであれ、非人道兵器である核兵器の廃絶を求める被爆国の倫理よりも経済的利潤追求を優先させることなどもっての外である。

安倍首相は会談でシン首相が自主的な核実験モラトリアム（一時停止）を続けていることなどを説明したのに対し、核不拡散への努力を評価すると語っている。だが日本を悩ませている北朝鮮の核は、利益に目がくらんでインド詣もうでをして協定を結ぶ国々があるからこそ、北として絶対に核を手放すまいと決意させていることを首相は肝に銘じるべきだ。今ならまだ間に合う。日印協定破棄の英断を安倍首相に改めて強く求めたい。

（2013・6・15）

＊1　土山秀夫『核廃絶へのメッセージ』（日本ブックエース）、一一五ページ。

獅子よ、安らかに眠れ

晩秋の鈍い陽光の中で

私たちが諏訪の森公園に着いたとき、一帯は物々しい雰囲気に包まれていた。その中で木立に囲まれた周辺地帯には、中学五年生の私たちのほか、他校からも選抜された詰襟の学生服姿の生徒たちが、遠巻きの集団となって見え隠れしている。

中心部に当たる草地には、急造の巨大な檻が設えられており、晩秋の鈍い陽光が、まるでスポットライトのようにそこを照らし出していた。その年、一九四二年（昭和一七年）四月には、米機動部隊による東京への初の空襲があり、六月にはミッドウェー海戦における日本海軍の壊滅的敗北、さらにガダルカナル島からの撤退も決定されるなど、戦局の一大転機を迎えようとしていた。

公園の入口付近でざわめきが起こり、でこぼこ路に車輪を取られながら、当時としては大型のトラックが一台入ってきた。近づくにつれて荷台の上には、別々の檻に入れられた二匹のライオンの姿が見えた。つやのいい毛並みをした二匹のうち、一匹には立派なたてがみがあり、雌雄のライオンであることが分かった。要所を固める憲兵や警官の動きに、二匹は少し警戒するような低いうなり声を上げた。が、付き添った調教師のなだめるような身ぶりにおとなしくなった。彼等は国内で有名なサーカスで飼われていたが、軍の命令によって処分されることになっていたのだ。今後予想される空襲によって、もし檻から逃げ出したりしたら人畜への危害を及ぼす恐れがある、との理由からだった。

調教師の誘導によって、雄の一匹は草地の大きい檻に無事納められた。その瞬間、取り囲んでいた人々の間から、感嘆とも驚きともつかぬどよめきが起こった。ライオンがゆっくりとひざまずいて見せたのだ。サーカスでの演技前の習性が出たのであろう。思わず一部から出た拍手には、慌てて警官が制止するために走り寄った。やがてライオンは二人の調教師に付き添われて、ほぼ中央の位置まで進み出た。何のためなのか、若い調教師が持ち出した長いゴムホースを使って、ライオンの体に向かって水を浴びせた。ぶるるっ、と体を震わすとライオンは跳び下がった。いつの間にか年輩の調教師の手には、コードに連なった鉄の棒らしきものが握られていた。とまどった風のライオンは、近づいてくる彼に次の芸を促すかのように前脚を浮かしかけた。すかさず調教師が二度、三度と鉄の棒でライオンの前脚を払った。普段とは違う仕草にライオンはうなり声を上げた。止めることなく襲ってくる鉄の棒の攻撃に対して、初めて怒りを覚えたのであろう。とつぜんつま先立ったかと思うと、精一杯口を開いたまま彼に襲いかかろうとした。次の瞬間、口の中に突っ込まれた鉄の棒と、ガッと弾かれたように頭部をのけぞらしたライオンの姿が、何秒間か停止したままだった。そしてスローモーションフィルムでも見るように、ライオンは身体を引きつらせながらゆっくりと草地にくずれ落ちた。高圧電流を仕込んだ鉄棒の威力は十分だった。

続いて連れてこられた雌ライオンは、しばらく目をこらすようにしてその場を見回していた。すでにムシロを被せられた雄ライオンの死体は直接見えなかったが、鋭い嗅覚でも働いたのか、とつぜん体全体をかがめると、年輩の調教師の「メリー！」という呼びかけを無視して走り出した。「危ない！」誰が発した分からない声の中を、ライオンは鉄棒を手にした若い調教師めがけて襲いかかった。そして悲劇は繰り返された。

制止を振り切って、檻の傍まで走り寄った私たちの眼前では、数名の調教師たちが二匹のライオンの亡きがらに取りすがっていた。必死に嗚咽をこらえていた彼等は、やがて途切れとぎれに言葉を吐いた。「許してくれ……どうか許してくれぇ……」

これ以後、大日本帝国の命運は、すでに坂道を転げ落ちるように一九四五年八月めざして燃え尽きつつあった。

（２０１３・８・１）

手前勝手は許されない

苦しまぎれに近い憲法の拡大解釈

集団的自衛権の問題がメディアに頻繁に取り上げられるようになったのは、特に小泉政権の時代からであったといえる。日米防衛協力の指針（新ガイドライン）に伴う周辺事態法やテロ対策特別措置法など、自衛隊の海外派兵とも絡む法律制定に際しては、集団的自衛権の行使と憲法九条の制約とをどう整合させるかが焦点となった。

自民党政府はそれまで、海外派兵について「武力行使の目的をもって武装した部隊を他国の領土、領海、領空に派遣することは、自衛のための必要最小限度を超えるものであるから、憲法上許されない」との内閣法制局の見解を踏襲してきた。ところがその後「武力行使の目的をもたないで部隊を海外に派遣することは、憲法上許されないわけではない」とする統一見解を公表した（一九八〇年一〇月）。また武装した自衛隊をＰＫＯに派遣するＰＫＯ協力法の成立に際しては、「武力の行使は武器の使用を含む。しかし武器の使用がすべて武力の行使にあたる、とはいえない。たとえば、生命または身体を防衛することは、いわば自己保存のための自然権的権利ともいうべきものであるから、そのために必要最小限の武器の使用は、憲法第九条第一項で禁止された武力行使には当たらない」との統一見解を示している（一九九一年九月）。

これらの苦しまぎれに近い憲法の拡大解釈[*1]に対して、安倍現首相を含む自民党のタカ派は不満を募らせ、堂々と憲法を改定して集団的自衛権の行使を明記すべきだと批判していた。ところがいざ二〇〇六年に第一次安倍内閣が発足すると、憲法九条の二項を廃止して国防軍の設置を明記すれば、集団的自衛権の行使を可能にするのは、国家安全保障基本法つまり法律によって規定すればよい、との見解にあっさりくら替えした。世論調査の結果などから、集団的自衛権の行使に対する拒否反応が根強く、憲法改定による正面突破は難しいと判断したからに違いない。

集団的自衛権行使の問題点

その点は第二次安倍内閣になっても同じで、そのための布石として、二つの姑息な手段が用いられつつある。一つ目は自民党が集団的自衛権の行使や自衛隊の武器使用基準の緩和を計ろうとすると、しばしばブレーキ役となった内閣法制局の長官に、局内での勤務経験がない外務省の小松一郎前駐仏大使を、慣例を破って起用したことだ。憲法解釈の変更に積極的なのが最大の理由とされている。二つ目は集団的自衛権の行使に賛成の委員のみから成る、第一次安倍内閣当時の有識者懇談会を再び復活させたことだ。私的諮問懇談会とはいえ、反対意見ないし中立的意見の者を斥け、もっぱら翼賛体制による懇談会の結論は、首相の期待と一致するであろうことは今から目に見えている。

ただ良識派も黙って引き下がっているわけではない。前内閣法制局長官の山本庸幸氏は、憲法解釈の変更による集団的自衛権の行使は容認するのはきわめて困難、との認識を示している。その上で、行使容認には憲法の改定しかない、と付言して安倍政権の弱点を突いた。また柳沢協二元防衛庁官房長も、憲法の解釈変更は改憲と同じ効果がある。単に閣議決定や関連法案の成立で変更していいのか。集団的自衛権を行使したいなら、憲法改定を論じるべきだと同様の批判を行っている。

さらにごく最近の全国世論調査によれば、憲法解釈を変えて、集団的自衛権を使えるようにすることに賛成二七パーセント、反対五九パーセントと反対が大きく上回ったばかりか、安倍内閣の支持層でも賛成三七パーセント、反対四九パーセントと反対が多い（『朝日新聞』二〇一三年八月二六日）。同日の共同通信社による世論調査でも賛成三九・四パーセント、反対五〇・〇パーセントと反対が上回っている。国民の目は、戦闘目的の海外派兵に対していかに厳しいものであるか、安倍首相は肝に銘じるべきであろう。

（2013・9・15）

＊1　二〇一四年七月、安倍内閣は閣議決定で「集団的自衛権の行使が憲法上容認される」との解釈を示した。この決定に対し、「集団的自衛権の行使が許されるとした点は憲法違反」として「安保法制違憲訴訟」の提訴が起きている。関連する項に本書Ⅲ章一六〇ページ「『抑止力』発言は何をもたらすか」ほか。

核兵器の非人道性と安全保障

有志国の真の狙いとは

国連総会第一委員会における有志国による「非人道性に関する共同声明」に対し、これまで同様に署名を拒否し続けていた日本政府が、一転して賛同に回ることとなった。被爆地を中心とする内外の猛烈な批判に、政府として配慮せざるを得なかったからだ。

政府のこうした方針の転換自体は、喜ばしいこととして歓迎できる。ただそうは言っても、何ともすっきりしない後味が残る。なぜなら声明の中の「いかなる状況下でも核兵器を使用すべきでない」との文言が、日本のように〝核の傘〟（拡大核抑止）で守られている国としては整合性がつかない、というのが反対の理由だったはずである。にもかかわらず、日本も賛同した声明にはこの文言がそのまま残されており、日本が追加させたという「核軍縮に向けた全てのアプローチと努力を支持する」程度の表現では、とうてい矛盾なく整合できたとは言えそうもない。加えて政府が事前に米国務省に対して、安保政策には何ら変更がないことを説明して納得をしてもらった、と聞けば、取りあえずこの場をやり過ごせば、永続的な拡大核抑止への依存をにじませているとさえ疑いたくなる。

もっとも本稿ではこの件を論考するのが目的ではない。今回の声明について有志国の真の狙いは何かを考えれば、核兵器保有国に対して核兵器禁止条約への交渉開始を促すためのものとして捉えられよう。これまで例年のように国連総会の場では、マレーシアやコスタリカなど有志国によって核兵器禁止にかかわる決議案が提出され、一〇〇か国以上の賛同を得てきた。しかし肝腎の核兵器国からは、中国を除いてすべて反対票を投じられている。つまり正面からの正攻法では、核兵器四か国を賛同させるのに手詰まりの状況にあった。

そこでニュージーランドやノルウェーなどの有志国家が着目したのが、核兵器の非人道性さらには非合法化を強調することによる廃絶へのアプローチという選択だった。念頭には二〇一〇年に発効したクラスター爆弾禁止条約のように、人道問題で結束した有志国家とNGOの連携を軸とした国際世論の潮流によって、保有国を取り囲み、ついにそれらの賛同を得た教訓があったに違いない。

勧告評価についての論議

こうした理念の源流をたどると、一九九六年七月の国際司法裁判所（ＩＣＪ）から出された勧告的意見に行き着く。同時に思い出されるのは、同年の長崎における評価の論争である。それは主として結論部分のＥ項に集中した。Ｅ項の前半部（核兵器の威嚇または使用は、一般的に国際法に違反する）については委員全員に異論はなかったが、後半部の「しかし、国際法の現状及び裁判所が入手できる事実要素の観点からして、裁判所は、国家生存そのものが危機に瀕しているような自衛の極端な状況において、核兵器の威嚇または使用が合法であるかあるいは違法であるかを決定的に結論づけることはできなかった」との文言が問題となった。

そのため被爆者や有識者の一部からは、勧告自体を大して評価できないとの意見が出された。自衛戦争の名の下に侵略戦争が行われたように、国家の生存危機を拡大解釈して、核兵器使用を正当化させかねない、との主張もあった。その結果、市長の提案によって小委員会を設け、そこで評価の両論をまとめた上、結論を導くことになった。小委員会では筆者を含めた見解として、Ｅ項の前半の結論のみでなく、Ｆ項の「厳格で効果的な国際管理の下であらゆる側面における核軍縮へと導く交渉を誠実に継続し、結論に達する義務がある」との記述も加え、勧告的意見を高く評価することに決定した。

しかし、である。日本政府が大量破壊兵器による攻撃はもちろん、通常兵器によるものに対してさえも、米国の核兵器による反撃を要請しているらしいと聞けば起草委員会での反対意見も、あながち杞憂とばかりはいえないように思えてくるではないか。

（2013・11・1）

日本政府による核政策の特異性

専門家集団の結論は一致している

核抑止論は未だに世界に根を張っている。米、ロ、英、仏、中の核保有五か国はもちろん、インド、パキスタン、北朝鮮も抑止力として自国の核開発を正当化している。また米国が同盟国に供与する〝核の傘〟（拡大核抑止）も同じ理論に基づく。

そうした中にあって、日本政府が取り続けてきた核政策は、他国に比べて特異なものとして位置づけられよう。その特徴は二つある。第一の特徴は最近に至るまで、米国の〝核の傘〟に依存することが当たり前であり、その維持には多大の努力を惜しまないが、それ以外の核戦略を深く考えようとはして来なかった点である。米ソを頂点とした東西冷戦の最中は、日本が西側の民主主義国家に属そうと考え、強力な核兵器を保有する米国の庇護下に入ったのは、無理からぬ政策だったかも知れない。

しかし一九八九年の冷戦終結後、二〇年以上を経るまで全く路線の変更を求めようとしなかったのはなぜか。独立国家としての気後れを除けば、その方がむしろ気楽であり、他国へのにらみも効く。ただ唯一の「戦争被爆国日本」を演出するために、毎年の国連総会に核兵器廃絶の決議案を提出しておけばその面目は保たれ、一定の評価を受けると判断したからに違いない。ある世論調査によれば、国民の八〇パーセント近くが「米国の〝核の傘〟に守られながら他方で核廃絶を唱えるのは矛盾している」と答えたのに対して、外務省がムキになって矛盾しないと反論して見せるのは、自分たちの痛いところを突かれた思いからであろう。

しかし米国従属に飽き足らない自民党政治家や右翼系学者の中には、時々「日本も核武装すべきだ」とか「日本も核武装を検討すべきだ」とか勇ましい発言をしてうっ憤《ぷん》を晴らす人間が出てくる。発言の内容を分析して見ると、ほとんどの場合、大した裏付けもなければ説得力もない単なるアジ演説調のものでしかない。公的には一九六七年から七〇年にかけて内閣調査室の依属を受けた原子物理学者、国際政治学者ほかによる有識者の提出した「日本の核政策に関する基礎的研究」の報告書、また一九九五年五月に防衛庁の文民・制服組による「大量破壊兵器の拡散について」の報告書がある。そして両者ともに、日本の核武装は国益にならない、したがって日本は核武装をすべきではないとの結論で完全に一致している。こうした専門家集団の報告に対して、思いつきで核武装を口にする人たちの主張には、上記報告書を論破できるだけの緻密な理論構成から成っているものは皆無である。

潜在的核抑止論という空論

そこでこの状況の間隙を埋めるかのようにして出てきたのが、第二の特徴である日本独自の潜在的核抑止論と呼ばれる政策だ。日本がNPTに加盟する前の一九六九年九月、密かに外務省内で作成された文書にあるように、「NPTに参加すると否とにかかわらず、当面、核兵器は保有しない政策を取るが、核兵器製造の経済的・技術的ポテンシャルは常に保持する」との姿勢は、水面下ではタカ派集団によって今日まで受け継がれている。念頭には日本の技術力や経済力をもってすれば、いつでも核兵器を製造することは可能であり、その点を強調すれば十分核抑止力となり得る、と信じる気持ちが働いているからであろう。

確かにある時期までは、日本の原子力政策による過剰なプルトニウムの備蓄と結んで、諸外国に日本は核武装する気ではないのかと警戒の目で見られていた。しかし核兵器の開発製造という実体を伴わない脅しは、いつまでも効果を維持することはできない。それどころか潜在的核抑止という空論を弄ぶことは、結局、日本に対する不信感を増幅させ、相手国の軍拡の理由に手を貸す害毒をもたらす。ようやく二〇〇九年七月になって、日米両国はそれ以後〝核の傘〟の協議を行うことで合意した、と報じられた。「これまでは『大人になってからこい』と拒否されてきたが」との外務省幹部の談話付きであった。

（2013・12・1）

●2014 こわ〜い、初夢の話

急なカーブを曲がった先は……

その夜、安倍晋三氏は自分のハンドルさばきが、いつもよりも軽やかなことに気が付いていた。会食の折、シャンパンやワインを軽く飲んだせいもあるだろう。しかしそれ以上に、今夜はなぜか高揚した気分がそうさせているようだ。

日頃は自分の名前が、今の総理と同姓同名なのが疎ましく思える時もあった。テレビや新聞で安倍首相の政策が叩かれると、関わりはないはずなのに自分が非難されているようで、余りいい気持ちはしなかった。だが今夜は違っていた。まるで安倍総理が乗り移ったかのような、何とも奇妙な感覚に捉われているからだ。そう、感覚というよりも、思考そのものまでが総理に取って換えられた、というのが当たっているのかも知れない。

高揚した気分の元は何だろうか、急なカーブを曲がりながら安倍晋三氏は自問してみた。それは言うまでもあるまい。国の安全保障面で、氏の悲願である「美しい国、日本」への復古運動が、着々と実を結びつつあるからだ。日本版NSCと呼ばれる国家安全保障会議の新設、初の国家安全保障戦略と新しい防衛計画の大綱策定、これらとも密接な関連を持つ特定秘密保護法案の衆参両院における強行採決、武器輸出三原則のなし崩し等々、来年（二〇一五年）に見据えている解釈改憲による国防軍の新設と集団的自衛権の行使認可、そして日本国憲法の改定……こう考えただけでも、どうだ、私だから出来るのだ、と胸を張っても誰からも文句はあるまい。もともと安倍晋三氏は、自らに対するうぬぼれが人一倍つよい。加えて国会での数を頼んだ強権を発動すれば、向かうところに敵はない。

公明党が反対するだって？　確かに表向きはね。平和と護憲の創価学会を基盤にしているのだから、ポーズとしてもそうせざるを得ないだろう。しかし時間を掛けてそれに付き合ってやれば、政権与党の妙味を捨て去る気はさらさらないのだから、結局は手打ちとなるのがこれまでのパターンだ。もし徹底的に反対するというのなら、いいでしょう、わが方には「日本維新の会」もあれば「みんなの党」のように擦り寄ってくる政党がある、と凄んでみせるまでのことだ。

それにしても特定秘密保護法はうまくいったものさ。手の内を明かせば、何とかして今国会中に成立させるためには、中味よりもとに角やっつけでもいいから骨子を大急ぎで作れ、と関係省庁を督令した。ずさんなことは分かり切っていた。最も気にしていたのは米政府からの厳しい目だった。日本に機密情報を伝えれば、すぐいつの間にか漏れてしまう。これでは重要な情報は日本側に渡せない、とする現実に直面していた。しかしよく頭を働かせてみるがいい。米政府が日本のメディアや民間の人間に対して、重要な国の機密情報を直接教えたりすることは絶対にない。教えるとすれば日本政府の要人か高級官僚に限られているはずだ。つまり情報が漏れるとすれば、政府要人か高級官僚の誰からか、ということは自明の理だ。

したがって本来ならば、現行の法律でも該当者への罰則を厳しくさえすれば、ほとんどは防げるはずだったろう。だが誰もこの点を指摘しなかったのを幸い、国会議員、国家公務員はもちろん、マスメディア、NGOや研究者など民間人にも広く網を被せ得たのは大成功だった。

——とつぜん、ライトの先に標識が照らし出された。「この先、危険！　戦争への道まで〇〇キロ」。スピードは一五〇キロを越えていた。慌ててブレーキを踏むが効かない。さらに踏み込んだが全く効かない。サイドブレーキを引いてみたが無反応だ。咄嗟に錯乱した頭で右側の扉を開け、激しい風圧の中に身を投げた。車体に引きずり込まれそうになりながら、安倍晋三氏が最後の瞬間に目にしたのは、必死にハンドルにしがみつく、もう一人の安倍氏の後ろ姿だった。

（2014・1・15）

私情を絡めて国益を損なうな

戦後秩序への挑戦

安倍晋三首相は、政権発足一年を迎えた昨年（二〇一三年）一二月二六日、東京・九段北の靖国神社を参拝した。その直後から中国、韓国の強い反発が起こり、米国を含む国内外からも批判が相次いだ。

首相は参拝後、それについての談話を発表した。その中で筆者が注目したのは、次のくだりであった。「靖国参拝については、戦犯を崇拝するものだと批判する人がいますが、私が安倍政権の発足から今日この日に参拝したのは、英霊に、政権一年の歩みと、二度と再び戦争の惨禍に人々が苦しむことのない時代を創るとの決意を、お伝えするためです。中国、韓国の人々の気持ちを傷つけるつもりは、全くありません」とあるが、靖国で頭を垂れる限り、文中の英霊には合祀されたA級戦犯も含まれるのは当然である。第一の目的が別にあると強調したところで、中国や韓国からみれば、首相が侵略の歴史の修正を試み、戦後秩序に挑戦しようとしているとしか映らないだろう。だがそうなることは、当の首相には折り込みずみだったはずだ。また事後の談話によっても、相手国が納得してくれるとは当初から考えていなかったのではないか。つまり参拝の真の動機は、支持基盤である保守右翼グループに対する人気取りとともに、この際、今後のために自らの持論を行動で示しておこうとしたのだろう、と思えるからである。そうした推測の根拠は何か。

祖父・岸信介への私情と国益

かねて安倍首相は尊敬する人物として、祖父の岸信介および吉田松陰のふたりを挙げている。岸信介といえば、東条英機ら二八人の被告が「平和に対する罪」によってA級戦犯容疑者として起訴されたのち、東京裁判（極東国際軍事裁判）の検察局が、一九人のA級戦犯容疑者（先の二八人と区別するためにA'級とも呼ばれていた）を、次のA級国際裁判にかけるつもりでいた中の一人だ。しかしマッカーサーはそうせずに、米国単独のBC級裁判で審判する方針に転換させた。そしてまず岸信介ほか八人の元閣僚が指定された。彼等には強制連行、強制労働での中国人への虐待、酷使、虐殺の責任が問われた。とくに岸の場合は、商工相、軍需次官として中国人ばかりか、朝鮮人の強制連行、労働にも深い責任があったという（粟屋憲太郎『東京裁判への道』、参照)。

ところがA級審議の進行が予想以上に手間取り、一九四七年になっても結審の見通しが立たなかった。この間、米国は冷戦が激化する中で裁判続行の熱意を失い、中国は国共内戦の拡大、また他のアジア諸国も内戦や独立戦争に意を注がねばならず、裁判の急速な幕引きが図られることとなった。A'級容疑者一九人は、東京裁判七被告の絞首刑が行われた翌日、一二月二四日に全員釈放された。国際情勢の変化に伴う留保つきの釈放といえた。

安倍首相は自民党の「日本の前途と歴史教育を考える若手議員の会」の事務局長を長く務めていた。したがって祖父の足跡は十分知り得たはずである。さらに日本が一九五一年に締結したサンフランシスコ平和条約第一一条で、東京裁判の判決を全面受諾したことも分かっていたに違いない。それにもかかわらず、祖父に対する身内意識が勝ってか、彼への戦犯容疑での逮捕を呪い、現在のような東京裁判とはしょせん「勝者の裁判」であり、〝東京裁判史観〟は拒否すべきものとの偏った心情に走らせたことは想像に難くない。

かくて米国の反対をも振り切っての、今回の靖国参拝という戦犯無視の強行実験は、予期しない誤算を招いてしまった。「残念だ」とする米大使館の異例の発表がそれを象徴していた。米国の政治、社会情勢に詳しい在米の筆者の友人はこう語ってくれた。「アジアに軸足を移したオバマ政権は、安全保障面では日本と緊密に連携せざるを得ないだろう。しかし中・韓両国に加え、米国でも人間安倍は信用できないとの見方が急速に広がっており、結果的に私情によって日本の国益を損なわせてしまった」と。

（2014・2・15）

驕る平家は久しからずや

物議をかもすブレーンたちの発言

安倍晋三首相はどうしてこうも非常識な人物ばかりを任命するのであろうか。

ＮＨＫの新会長に推された籾井《もみい》勝人《かつと》氏は、二月一三日（二〇一四年）の就任記者会見で政治的中立性を疑われる発言を繰り返し、局内外からの批判を浴びた。国会に参考人として呼ばれる事態になると、就任会見で述べた従軍慰安婦、特定秘密保護法、靖国参拝、番組編成権、国際放送などに関する内容の発言をすべて取り消してしまい「公式の会見で私見を述べてはいけないことを皆さんに教えて頂きました」と言い出す始末である。

またＮＨＫの百田《ひゃくた》尚樹《なおき》経営委員は「東京裁判は（米軍による東京大空襲や原爆投下を）ごまかすためのものだった」「將介石は日本が南京大虐殺をしたと宣伝したが、そんな事実はなかったから世界の国々は無視した」などと都知事選挙の応援演説でブッている。同じく経営委員の長谷川三千子氏は、一九九三年に朝日新聞社で拳銃自殺した右翼団体の元幹部を後の追悼文で礼賛し、二〇一二年九月の自民党総裁選では安倍首相を熱心に応援したことで知られている。

首相の側近に目を転じると、衛藤晟一《えとうせいいち》首相補佐官は「首相の靖国神社参拝に対して米国政府が『失望した』と表明したが、われわれの方がそのことに失望した」と反論したものの、菅官房長官によって公開していた動画を削除させられた。また首相の経済ブレーン、本田悦朗内閣官房参与は、二月一九日付の米誌のインタビューで「日本が力強い経済を必要としているのは、賃金上昇と生活向上のほかに、より強力な軍隊を持って中国と対峙できるようにするためだ」と語ったが、翌日になって「真意ではない」と慌てて打ち消しに回っている。さらに新しい内閣法制局の長官として、首相は自分の意に沿う小松一郎氏を、慣例を破って局外の外務省から迎え入れさせた。ところが当の小松長官は国会における答弁で「安倍首相は自民党が野党時代に決定した国家安全保障基本法を国会に提出する考えでない」と述べた。これには自民党幹部からも「法制局長官に法案の提出権があるわけではない。余計なことだ」との批判が出されたが、同基本法案の国会提出を断言していた首相の答弁と食い違うことは明白だった。

偏狭な歴史認識を基準とした人事

これら一連の非常識ないし不適切発言を分析していくと、任命権者である安倍首相の誤った見識にたどり着く。それは前回の連載エッセー（「私情を絡めて国益を損なうな」本書一〇七ページ）でも触れたように、首相の私情を絡めた東京裁判への呪詛《じゅそ》、アジアへの侵略戦争や植民地化を認めたくない心情、現行憲法に対する根深い不信など、偏狭な歴史認識に裏打ちされた自らの基準に合致する人物であれば、他の要素は問題視しない結果がこの種の人事を生み出したといえよう。しかもこのいびつさが、人事を超えて国の安全保障政策においても今まさに発揮されつつあることは、きわめて深刻な事態と言わねばならない。

代表的なのは首相が繰り返し主張する、憲法解釈の変更による集団的自衛権の行使を可能にする計画である。しかもあろうことか、閣議決定によって済ませるというのだ。憲法九条の理念を根底から覆し、自国のみでなく他国（米国とは限らない）を守るためにも自衛隊（または国防軍）を海外に派遣して武力行使をさせる、つまり日本が戦争に加担するような重大な国策の転換決定を、ごく限られた閣僚の意思に任せていいはずはない。こうしたやり方は、憲法によって国家権力を縛ろうとする立憲主義の否定にもつながりかねない。だが首相は「それは王権が絶対権力を持っていた時代の考え方だ」と反論するがその点は違う。残念ながら「いかなる権力も暴走する可能性がある」というのが経験から導かれた人類の教訓だ。ましてや特定秘密保護法の強行採決などを見せつけられると、安倍政権の数の驕《おご》りによる暴走ぶりは目に余るという他はない。

（２０１４・４・１）

国民の手でレッド・カードを！

高い内閣支持率を支えるもの

このエッセーでは二〇一二年一二月から一四年四月に至るまで、国内の、それも特に安倍政権の安全保障政策に焦点を当てて論評を加えてきた。その間、拙稿の内容と関係深い最近の主要紙の全国世論調査を見ると、以下の通りである。

集団的自衛権は憲法上行使できないとされているが、行使できるようにした方がいいと思うか、との問いに対して「思わない」が五七パーセント（『毎日新聞』二〇一四年三月三一日）、六三パーセント（『朝日新聞』四月七日）。また安倍首相は、憲法解釈を変更することによって集団的自衛権の行使を可能にする考えだが、このやり方に賛成か、との問いに対しては「反対」六四パーセント（『毎日新聞』）、五六パーセント（『朝日新聞』。行使するのであれば憲法を改定すべき）、五二・一パーセント（共同通信、四月一三日）などと、いずれの場合も過半数が反対と答えている。

さらに四月七日（二〇一四年）付の『朝日新聞』では、憲法に対する評価として「全体としてよい憲法」とする人は、昨年（二〇一三年）の五三パーセントから六二パーセントに増加し、「そうは思わない」の二七パーセントを引き離している。憲法を変えることの是非も、昨年は「変える必要がある」五四パーセント、「変える必要はない」三七パーセントだったが、今回は「必要ない」の五〇パーセントが「必要あり」の四四パーセントを上回った。憲法九条については、「変える方がよい」が二九パーセント、「変えない方がよい」が六四パーセント（昨年は五二パーセント）となった。九条を変えるべきだと主張する自民の支持層でも四三パーセント対四九パーセント、安倍内閣支持層でも四一パーセント対五二パーセントと、「変えない」が上回った。

これらの結果から読み取れることは、安倍首相が意欲を燃やす憲法や安全保障上の政策変更に対して、国民の側がその前のめりの姿勢に危うさを感じ、明確に反対の意思表示をしたということができよう。その点をさらに裏付けるように、集団的自衛権を行使できるようになれば、日本が戦争に巻き込まれるかも知れない、との不安を八八パーセントの人が感じると答えているのだ。ただその一方で、内閣支持率はいずれの調査においても五〇パーセント前後の高率を維持し続けている。そうしたギャップは何に起因しているのであろうか。世論調査の結果はそれへの回答も示している。安倍政権に進めて欲しい政策として三つ選択させた集計では、景気・雇用七三パーセント、社会保障六二パーセント、復興・防災が三九パーセントであるのに対して、外交の改善でも二八パーセント、集団的自衛権に至ってはわずか六パーセントに過ぎない。国民にとっては日々の暮らしが何よりの関心事であり、その意味から三月三一日付の『毎日新聞』に「安倍首相の経済政策に期待する」五四パーセントとあるように、内閣支持率を高く押し上げているのが経済的要因である点は疑いない。

「戦争をさせない世論」の結集が必要

ところが安倍首相は、支持率をもって政策の全てが信任されたと強弁し、遮二無二、解釈改憲や集団的自衛権の行使を可能にしようとしている。まさに民意に逆らう詐欺的行為ではないか。加えて公明党がこの件に関しては強硬な態度を崩そうとしていないと見るや、〝限定的〟行使容認論なるものをひねり出し、何とかして妥協点を求めようと探りを入れている。しかし限定的であろうがなかろうが、集団的自衛権の行使を認めることに変わりはない。ましてや立憲主義を無視し、国の命運にもかかわる重大事を閣議決定如きで逃げ切ろうとする安倍政権の下では、いったん議決されれば、〝限定的〟など全く保証の限りではない。

残念ながら現内閣が自ら解散に打ってでも出なければ、ここ当分は国政選挙の予定はなく国民の意思表示の機会はない。したがって「戦争をさせない世論」を結集して安倍政権の野望を打ち砕くことが第一。それと同時に、隠された意図を見抜き、目先の景気対策のみに心を奪われて、決して安易に政権の支持を表明しないことだ。結局、悔やみ切れないツケを回されるのは常に国民の側なのだから。

（2014・5・15）

あくまで私たちは反対だ

「平和と生活」の党ではなかったのか

最近の安倍晋三首相はどうかしているとしか思えてならない。念願の集団的自衛権の行使容認に向けて、自民、公明両党の協議が始まっているのに、毎日のように次から次に新しいテーマを繰り出し、都合が悪くなったテーマは平気で引っ込めてしまう。これではいかに生煮えのまま、とにもかくにも協議を急がせたかが分かろうというものだ。

それをまたハイハイと取り次ぐ高村正彦副総裁や石破茂幹事長も、今やピエロ的存在と化しつつあるのはどうしたことか。日頃はこのご両人、安全保障のことはわれわれにお任せあれ、と言わんばかりの自信と誇りを持っていたように見受けられていたのだが。安倍首相と考えが違うことがあっても、結局は妥協して取り次いでいるとしたら、人事をチラつかせる首相の手管に抗し切れないからなのだろう。

他方、集団的自衛権の行使容認に対して、多くの国民が危険性を感じ（特に最近の世論調査ではそう考える人たちが増加の一途を辿っている)、首相が与党協議と閣議決定のみで済まそうとしている限り、国民は公明党の反対に期待するほか決定的な手段を思いつかないのだ。ところがここにきて、当の公明党も何が何でも一日も早く決着を、と迫る安倍首相の毒気に気圧《けお》されたのか、協議会の幹部の中から妥協的発言が目立ち始めたではないか。幸い、まだ一般の議員たちは反対の意識が強く、簡単に幹部の説得に納得しそうにはないと伝えられている。しかし時間稼ぎになったとしても、それで自民党に対して反対のボールを投げ返す、といった保証はまだどこにもない。そうした折だからこそ、公明党のためを思って、敢えて巷間《こうかん》に流されているうわさを伝えておく。そのうわさとはこうだ。公明の幹部と自民の幹部の間では、形式はどうであれ、ともかく集団的自衛権の行使は認める点ですでに手打ちがなされており、後は一般党員のガス抜きにどれくらいを要するか、の秒読み段階にあるというもの。さらにうわさは続く。もしも結果がその通りだったら、期待を掛けた人たちは失望どころか怒りとなって公明党を批判するだろう。平和と牛活の党などというのは真っ赤なうそで、所詮は権力にしがみつく亡者たちだったのだ……と。うわさというものはとにかく無責任なものだ。筆者はむろん今回のうわさは信じていないし、信じたくもない。

都合のよい憲法解釈で国の根幹が変わる

だが、こうしたうわさが流され、まことしやかに語られるのには、やはりそれなりの背景があるのではないかと考えてみる必要がある。そして真っ先に思い浮かぶのは、今や国家の一大転換期となるかも知れない重大事を決定するに際して、最も直接的に影響を蒙《こうむ》るはずの国民が、いくら必死になって意志表示をしたくても、それが取り上げられないことへの苛立ちといえよう。安倍首相が正面からこの問題を取り上げ、憲法九六条に則《のっと》って衆参両院の議員総数の三分の二以上の賛成を得、堂々と国民に向かって是非を問う発議をすべきだったのだ。それが憲法の精神に沿った王道ではないか。そうすれば国民も、賛成、反対の如何にかかわらず、自らの信念に基づく一票を投じて悔いは残らなかったはずである。残念なことに現実は全くかけ離れたものとなって示された。国民から選ばれた国会議員とはいえ、自民、公明両党のごく限られた代表者たちによる協議によって結論を導き、これまたごく限られた閣議によって決定するという矮小化された密議に近い形である。しかも都合のよい憲法解釈の変更によって、まるで一般の法律改正のように手軽に国の根幹を変えようとしている。将来、もし空洞化された幹全体が枯れたり、腐ったりしたとき、安倍首相よ、あなたが責任を取ると言ったところで、もはや何の足しにもならないのだ。（六月二四日記）

（２０１４・７・１）

常軌を逸した世界からの決別を

根深い憎悪と報復の連鎖

ウクライナ東部における新ロシア派によるとみなされているマレーシア民間航空機の撃墜事件、パレスチナ・ガザ地区におけるイスラエル軍の地上戦による多数の民間人死者とハマスの報復ロケット弾発射、シリアにおける政府軍と反政府軍によるいつ果てるとも知れない内戦状態、イラクにおけるバグダッド近郊に及ぶ武装勢力の攻勢、アフガニスタンにおける首都カブールを脅かすタリバンの逆襲、そしてアフリカの各地では……。

かつて二〇世紀は〝戦争の世紀〟とまで呼ばれるほど、二つの大戦を含めて殺戮《さつりく》の歴史が繰り返された。しかし一九八九年に東西冷戦が終結したのを機に、人類は二一世紀こそ「戦争のない平和」が訪れ、各国の協調が十分機能すれば飢餓、貧困、環境破壊や差別、人権侵害のない「真の平和」（積極的平和）が実現するのも夢ではない、との期待を抱いたはずだった。だがその期待はあっさりと裏切られた。冒頭に述べたのが二一世紀早々の現実の姿であり、理想とは程遠い国際情勢であった。動機の多くが民族間の対立であり、宗派間の対立であるだけに、憎悪と報復の連鎖の根は深い。

こうした状況を見るにつけ、筆者は八年前の二〇〇五年一一月に発表した講演内容が、今日においても依然として通用することを痛感した（『平和憲法を守ろう　講演会の記録』長崎県九条の会発行、二〇〇六年一月）。少し長くなるが、以下に一部を再録することをお許し願いたい。

「（前略）ニューヨークにおける同時多発テロとそれに続く報復としての米軍によるアフガニスタン侵攻、『大量破壊兵器の保有』との誤った思い込みによるイラク戦争、これらに対抗しての武装勢力による無差別テロ……こう見てきますと、現在の世界はたぶんに狂った状況下にあると言えます。なぜなら、『武力に訴える』、『暴力に訴える』ことが日常化し、日々の市民の犠牲者数にさえ人間の感覚が麻痺しつつあるからです。しかも皮肉なことに、『平和のために』、『人道主義のために』、『民主主義実現のために』といった美しいスローガンによってこうしたおびただしい犠牲者が生み出されているのです。日本が国連の決議を無視し、ためらうことなく武力に訴える（ブッシュ政権の）米国にのみ付き従うのが、果たして国際貢献の名に値する行為と言えるでしょうか。また狂ったような現在の世界に付き合うために、わざわざ誇るべき九条の平和理想の旗を降ろしてまで、日本が〝普通の国〟や〝現実的な国〟にならなければいけないのでしょうか。私は決してそうとは思いません。狂ったような世界をまともな世界に引き戻すために、むしろこれまで私たちの努力も足りなかった九条の精神の普及を、今こそ国内外に広げていくことが何よりも求められていると考えます。（後略）」

アジアでの平和外交の努力を

翻って現在の日本はどうであろうか。安倍政権になって以来、足元のアジア外交はかつてない程に冷え切ってしまっている。中国や韓国との首脳会談一つ開かれることもなく、互いに相手を非難し合う状況は異常でさえある。安倍首相は口を開けば「わが国は対話の扉を常に開いている」と言う。歩み寄ってこないのは相手が悪いのだ、と言いたげな受身の姿勢だ。だが本当にそうであっていいのか。「河野談話」の見直しを口走ったり、相手が最も許しがたいとする靖国参拝を強行したり、先の集団的自衛権の行使容認に際して、中国の脅威を煽《あお》って国民の支持をとりつけようとしたのは、安倍首相自身だったではないか。

日本国憲法の平和理念を実現するためには、全て相手に非があると断じる前に、一体どれだけ平和外交の具体的努力を自ら積み重ねてきたのか、首相は胸に手を当てて問うてみるべきだ。「武力には武力で」の思想は、まさに狂った世界への第一歩であることを忘れてはなるまい。

（２０１４・８・１）

今こそ日本政府を動かそう

北東アジア非核兵器地帯構想の具体案

核兵器に関する日本政府の見解や発言では、決まり文句のように「唯一の戦争被爆国である我が国は」が、まくらことばとして使われている。しかしその割には、内容の核兵器政策が消極的であったり、現状維持的であったりしてしばしば失望させられる。「ステップ・バイ・ステップによる核兵器廃絶に向けての努力」とか、「究極の核兵器廃絶を目指した現実的アプローチ」といった修飾文が、釈明するかのようにちりばめられているのも特徴だ。

その一環として、外務省の守旧派や多くの国防族議員たちは、米国による〝核の傘〟から日本が脱却することには強く反対する。核兵器を保有する中国と北朝鮮が、日本にとって「脅威」として存在するのを理由としているためだ。そこで少しでも〝核の傘〟がほころびそうな兆しが見えると、慌てて米国政府に働きかけ、その継続や強化を図ろうとする。時には日本の核武装（現実にはあり得ないことは筆者も当エッセーで何回か論じてきた）をチラつかせまでして米国政府を当惑させもした。

こうした底流があるからこそ、「北東アジア非核兵器地帯」構想の中で、最も現実に即した「スリー・プラス・スリー」案（一九九六年にピースデポの梅林宏道氏が提唱）が、今や国際的にも大きく注目されているのにもかかわらず、肝腎の日本政府が動こうとはしないのではないか。つまりもしも非核兵器地帯条約が成立したとして、日本が〝核の傘〟から脱却したはいいが、加盟国の中に加盟条件を守らない国が出てきたら……といった危惧。あるいは北朝鮮や中国が条約そのものに実際に賛同するのか、といった疑念。そうした点にあれこれ煩わされるくらいなら、現在の〝核の傘〟に安住する方がよほど確実かつ安全だ、との心理が働いているようにしか筆者には思えない。

そこでこれら二つの問題について以下論じて見ることにする。従来までに締結された南半球における条約としては、南極条約（一九六一年発効）、トラテロルコ条約（一九六八年発効）、ラロトンガ条約（一九八六年発効）、ペリンダバ条約（一九九六年締結）、バンコク条約（一九九七年発効）などがあり、ほぼ全域をカバーしている。一方、北半球ではモンゴル非核兵器地帯地位（二〇〇〇年、国内法として制定）や中央アジア非核兵器地帯条約（二〇〇六年締結）がある。いずれもこれまでのところ加盟国間で深刻な対立を生じたことはないと見られている。国際的な法的拘束力を持ち、相互監視的な国家の信頼にかかわる条約だけに、一国の身勝手さだけで乱されるものとはまず考えられない。

　次に北東アジア非核兵器地帯の場合、北朝鮮や中国が条約加盟に賛成するか否かについて検討してみよう。北朝鮮については賛成の可能性が高いとみなされる幾つかの根拠がある。たとえば過去の六か国協議の場で北朝鮮の代表自らが、朝鮮半島の非核化に関する共同宣言は、故金日成《キム・イルソン》主席の遺訓であって、それは今日でも効力を持つと表明していること、またモンゴルのウランバートルで開かれたＩＰＰＮＷ（核戦争防止国際医師会議）総会において、北東アジア非核兵器地帯条約の実現を目指すことが決議された際、同席した北朝鮮の医師団からも何ら反対の意志表示がなかったこと、などが指摘されよう。さらに中国については、かねて非核兵器国に対して中国が核兵器を使用することはしない（消極的安全保証）と宣言しており、条約の議定書に同意する可能性は十分あると考えられる。

　したがって日本政府の杞憂や疑念に対しては、日本の反核ＮＧＯや議員連盟などが、上記の理由を示して説得を続ける必要がある。同時にマスメディアの協力も得ながら世論の高まりを促し、北東アジアの安定と平和のために非核兵器地帯の創設を！　とのうねりを国全体に広める活動が、今ほど求められる時代はないのではあるまいか。

（２０１４・10・１）

〝悪夢〟のノーベル平和賞？

平和賞候補となった憲法九条

今年（二〇一四年）の一〇月九日、顔見知りの記者から電話が入った。翌一〇日、ノーベル平和賞の受賞が決定するが、市政記者クラブで相談した結果、筆者と他に二人の被爆者を交えて共同記者会見をさせて欲しい、というのが用件だった。むろん「憲法九条を守ってきた日本国民」が平和賞の候補に上がっていたからだ。

当日、迎えに来てくれた件の記者は、車中で筆者に九条受賞の可能性はどのくらいと思うか、と尋ねた。ノルウェーのオスロ国際平和研究所のハープウィケン所長が、九条を受賞予測のトップに挙げていたことが念頭にあったからであろう。筆者はこう答えた。「九条が受賞できればこれほど嬉しいことはありません。しかし多分むつかしいと思いますね。これまでのノーベル平和賞の団体ないし個人は、いずれも長年にわたる実績の積み重ねが評価されたものがほとんどです。確かに九条は数十年にわたって日本国民が守ってきたことは事実ですが、候補としては今年初めて名乗りを上げ、クローズアップされてきただけですから。新聞に意見広告を出した実行委員会もその点を見越してか、『日本の九条が世界の九条になり数年後にノーベル平和賞が授与されるのも決して夢ではありません』と述べていますよ」

そうは言ったものの、記者クラブの室内でノーベル委員会の発表中継を見守り始めると、ひょっとして……と期待を掛けている自らに苦笑する他なかった。マララ・ユスフザイさんの名前が読み上げられた途端、彼女を祝福する一方で、九条が受賞を逃した残念さも味わった。しかしこれまで世界の多くの知識人は九条の持つ特別の価値を認めていたとしても、今回名乗りを上げたことによって、一般の人たちにまで関心を抱かせたであろう点は高く評価されていい。被爆七〇年に当たる来年（二〇一五年）、もしも平和賞が授与されることでもあれば、被爆地としてはこの上ない記憶に残る年となろう、などと勝手な想像さえ浮かぶ。

ところで今年九条が受賞されなくて内心一番ホッとしているのは、安倍晋三首相その人ではなかろうか。「憲法九条を保持する日本国民」が対象として受賞した場合、日本を代表してオスロに出向くのはやはり安倍首相ということになろう。だが当の首相が最もその資格においてふさわしくないことは、国民の誰もが知っている。若手議員の頃から現行憲法は占領軍による押しつけとして事あるごとに非難し、自主憲法制定の必要性を力説してきた張本人だからだ。九条についても二項を廃止して国防軍を設置し、個別的自衛権のみでなく集団的自衛権も解釈の変更によって行使可能とし、海外派兵への道さえ開きかねない戦前回帰の〝富国強兵〟を夢見る首相。これでは首相がノーベル平和賞の受賞スピーチをしたとしたら、まさにブラックユーモアとしか言いようがあるまい。

漫画家の「やくみつる」さんが、一〇月一五日付の『朝日新聞』に痛烈な風刺漫画を載せている。「日本国憲法、ノーベル平和賞受賞ならず」のタイトルで、向かって右側に安倍首相が立って描かれている。首相は陰の声として「もし受賞していたとしたら、どの面《つら》下げて私がうかがうのか」とつぶやき、額に冷や汗を浮かべて賞状らしきものを広げて見せている。左側には困惑した表情でそれを見つめるマララさんの姿がある。賞状めいたものに書かれた文字がとどめを刺す。「感謝賞　日本国内閣総理大臣　安倍晋三」とあるからだ。

こうした事態を避けるにはどうしたらいいのか。いちばん簡単なことは、受賞前までに安倍さんに首相の座を下りてもらうことだろう。アベノミクスとやらもどうやらほころび始めたようだし、来年（二〇一五年）あたりが潮時ではなかろうか。二〇〇六年から僅か一年でヨロヨロになって政権を投げ出したのに比べたら、今回は立憲主義を否定し、日本を戦争のできる国に閣議決定できた暇があったのだから、以て瞑《めい》すべきではないか。

（2014・11・1）

焦点外しに欺かれるな

改めて強調しておきたいこと

この原稿は当モニター誌（『核兵器・核実験モニター』）の一二月一日（二〇一四年）現在での記述であることをあらかじめお断りしておく。

安倍晋三首相は一一月二一日、衆議院を解散し、一二月二日に総選挙の公示、一二月一四日に投開票を行う旨表明した。記者会見をした安倍さんは「アベノミクス解散だ。消費税率引き上げを一八か月延期し、税制に重大な変更を行ったのだから、選挙によって国民の信を問わなければならないと考えている」と語った。この時に限らず、安倍さんは臆面もなく自分の名前を冠した経済政策を、誇らしげに呼ぶのを繰り返してきた。筆者の記憶違いでなければ、米国ではかつて「レーガノミクス」と呼ばれる政策が注目を浴びたが、当のレーガン大統領自身がそれを売り物にしていたことはなかったようだが……。

マスメディアや野党は「大義なき解散」「国民そっちのけ解散」などとして批判したが、ともかくサイは投げられてしまったのだ。私たち国民は、安倍さんが何かと軽視ないし無視しがちだった国民主権の在り方について、憲法の視点から厳しく問う機会として捉え、投票の権利を行使すべきであろう。その点に関連して、当連載エッセーにおいて一昨年（二〇一二年）一二月から今年（二〇一四年）一一月までの間、安倍政権のなかでも安倍晋三首相の政策や人物像について、多くのスペースを割いて書いてきたつもりである。そこで今回の選挙に際して、ここで改めて強調しておきたいことに触れてみたい。

第二次安倍内閣の支持率は、当初のきわめて高い評価が落ち着いてきてから後も、各メディアの調査で五〇パーセント以上の効率を維持し続けていた。その安倍政権に進めて欲しい政策として三つ選択をさせた集計では、景気・雇用七三パーセント、社会保障六二パーセント、復興・防災が三九パーセントであるのに対して、外交の改善でも二八パーセント、集団的自衛権に至ってはわずか六パーセントに過ぎない（『朝日新聞』二〇一四年四月七日）。共同通信が同じ頃（二〇一四年五月）に行った二つまでの選択を可とした世論調査でも、景気・雇用、社会保障などが断然上位を占め、安倍さんが意欲を燃やす安全保障や外交は一〇・一パーセントの六位と関心は薄く、内閣支持率を高く押し上げているのは、国民の政権に対する経済回復への期待の現れにほかならない。

ところがいざ与党が衆参両院で過半数を制するや、安倍さんは経済問題は日銀と財務省主導に多くを委ね、持論であった憲法とかかわりの深い特定秘密保護法を強行採決させ、集団的自衛権の行使容認を閣議決定させようと狂奔した。「こんなはずではなかった」と国民の間に失望や不満の声が高まると、先の選挙時に申し訳程度に記載していた安全保障項目を盾にして、国民からは全項目を信託されているなどと開き直る始末である。

幻想から目覚めさせる本

その上あろうことか、味をしめた安倍さんは今回も平気で再びこの手を使う心づもりらしい。国民もずいぶんとなめられたものだ。今度は国民の側から安全保障や憲法問題などを優先して選択の俎上《そじょう》にのせ、次いで〝アベノミクス〟の功罪を徹底的に問い直す必要があろう。経済に疎い筆者ですら、最近は実感としてその歪みを日々感じさせられている。一部の大企業（たとえば自動車産業など）や東京、大阪、名古屋のような大都市圏には華やかに富の集中が見られるものの、大多数を占める中小企業やさびれつつある地方都市との間には歴然たる格差があることは、今や誰の目にも明らかではないか。こうした実態を生じさせた元凶は何か、どうすればこの〝アベノミクス〟が振りまく幻想から国民が目覚められるのか――それらの疑問に明快に答えてくれる著作が出た。伊東光晴京大名誉教授による『アベノミクス批判――四本の矢を折る』（岩波書店）だ。経済学の泰斗が分りやすく、政府の報告書や数字も引用しつつ説得力十分な内容に仕上げている。これを読めば安倍さんのいう「アベノミクス解散」に対する国民の回答（投票）は自ずと明らかであろう。

（2014・12・1）

Ⅲ　誰にでもできる政治参加へ〈2015－2017〉

●2015 この道はいつか来た道

自身の立場で「ノー!」の声を

今年(二〇一五年)の年賀状には次の一文を付け加えた。年賀状にふさわしくないとは考えながらも、なぜか書かずには居られない危機感がそうさせたからだ。

「今の日本は、歴史修正主義者たちの策動によって、戦争への危険水域に近づきつつあると思います。安倍首相の推進する〝富国強兵〟や〝滅私奉公〟といった戦前回帰路線に対して、私たちはそれぞれの立場から『ノー!』の声を挙げ続けなくてはなりません。そのことが、先の戦争によって無念の最後を遂げた、三一〇万人の犠牲者に報いる道だと信じているからです」

戦争というのは地震や噴火などの自然災害と異なり、ある日とつぜん起こってくるものではない。一見、突発的に引き起こされたように見える戦争でも、詳細に検証すれば必ず幾つかの伏線があり、偶然は単なる戦争への引き金となったに過ぎない。安倍政権がやろうとしているのは、そうした伏線の重要な役割を先駆的に果たそうとしていることだ。たとえば安倍首相はアベノミクスの成功によって、国全体を豊かにさせることを夢見て第一、第二の矢を放ってきた。その結果、大企業間であっても業種による格差を生じ、まして大企業や大都市圏と中小企業や地方都市間の格差は誰の目にも明らかなものとなった。したがって第三の矢は絶対に失敗が許されない状況にあるものの、その成果が期せそうな兆しはまだ見えていない。

その間、各省庁の予算は年度によって増減の波が大きい。その中にあって、独り防衛関連費だけは右肩上がりに増額されているのが目を引く。安倍首相が二〇一二年末に総理に就任してから三年連続で伸びを示し、一五年度予算案では過去最高の四兆九八〇一億円、一四年度補正予算と合わせれば実に約五兆二〇〇〇億円規模に達する。中国が東南アジアで覇権主義をチラつかせるのを奇貨として、首相はことさら、中国の〝脅威〟を煽《あお》って軍備増強の理由付けにしているとしか思えない。昭和の時代、日本陸軍は当時のソ連を仮想敵の〝脅威〟とし、海軍は途中から米国を〝脅威〟として軍事費の大幅増額を求めた。やがて軍部の発言権は強大となり、軍事費は一種の聖域として国会の干渉を許さず、ひたすら「富国強兵」路線を突っ走ったことは歴史の示す通りである。

憲法改正草案の問題点

一方、安倍首相は憲法改訂についても並々ならぬ意欲を見せている。国民の賛同が得られにくい九条は後回しにして、環境権など公明党の賛同が得られやすい項目からの着手を、すでに度々仄めかしている。最終的にはもちろん本丸の九条二項を廃止し、国防軍の設置と集団的自衛権の行使容認へと持っていく。その日のためにも「特定秘密保護法」を国会で強行採決させ、昨年(二〇一四年)一二月から内容不備のまま施行させてしまったのだ。

自民党の憲法改正草案には、立憲主義を否定する多くの問題点を含んでいる。現行憲法では基本的人権の尊重、平和主義、国民主権を三大原理としているが、中でも基本的人権については第一一条、第一二条、第一三条、さらに第九七条と繰り返し強調されている。ところが自民党草案では、第一二条は「国民の自由及び権利には責任及び義務が伴うことを自覚し、常に公益及び公の秩序に反してはならない」、つまり国が決めた秩序の下でしか人権は保障されないことが、また第一三条では「すべて国民は個人として尊重される」とあるのを、自民党草案では「すべて国民は人として尊重される」(つまり個性や多様性の否定につながりかねない)のに加えて、ここでも「生命、自由及び幸福追求に対する国民の権利については、公益及び公の秩序に反しない限り」尊重されるという縛りが掛けられている。ある意味で明治憲法への里帰りだ。

かくて時至れば「滅私奉公」の翼賛型人間への強制が、国家の名においてなされることはあり得ないと断言できるであろうか。

（2015・2・1）

過去に向き合う真の勇気

「村山談話」と「安倍談話」

こんなはずではなかった、とご当人は今になって「ほぞを噛む」思いに見舞われているのではないか。他でもない、安倍晋三首相が今年（二〇一五年）の夏にも表明しようとしている、戦後七〇年談話についてのことである。

安倍首相は第一次政権後の二〇〇九年に「『村山談話』を歴史認識だと教えるのは大間違い。私は先の政権にあったとき、できれば歴史認識に立ち入らない『安倍談話』を出したかった」と述べている。断るまでもなく戦後五〇年に出された「村山談話」では、「わが国は遠くない過去の一時期、国策を誤り、植民地支配と侵略によって、多くの国々、とりわけアジア諸国の人々に対して多大の損害と苦痛を与えたと認め、痛切な反省の意を表し、心からのお詫びの気持ちを表明いたします」と右翼保守派の議員たちの反発の中、ギリギリの表現によって筋を通したものであった。もちろんこうした見方を〝自虐史観〟と排する人たちに組する安倍首相にすれば、とうてい承服しがたい談話と映ったのであろう。折に触れてこの談話を悪しざまに非難し、特に「侵略」の表現に対して、「侵略の定義は定まっていない」などと独りよがりの主張でケチをつけ続けてきた。

こうした延長線上で今回の戦後七〇年を迎え、首相にとっては好機至れりとばかり談話作りに着手しようとしたはずである。メディアの問い掛けにもためらうことなく、かねての持論を口にした。その際、強調したのは「過去への反省」よりも「戦後日本の平和貢献への歩み」や「未来志向」の積極外交に重きを置くことであり、「村山談話」に捉われたくない意志表示とも受け止められた。この報道にさっそく反応したのは、中国および韓国であった。両国は安倍首相の歴史認識に対して、懸念と警戒の意を込めてこれをけん制した。

それには無理からぬ理由があったのだ。「村山談話」の基本認識は、一九九八年一〇月の日韓共同宣言、九八年一一月の日中共同宣言、さらに二〇〇二年九月の日朝共同宣言においても生かされ、いわば日本の国際的誓約に近いものとして相手国に受け取られてきた経緯がある。加えて、米国政府筋からも首相の歴史修正主義的視点に対する警告が出されるに及んで、当初の姿勢を見直さざるを得なくなった。その結果、今年（二〇一五年）一月末の国会答弁の中で安倍首相は、「村山談話も小泉談話も、政府として閣議決定した談話を全体として受け継いでいく」とやや抽象的ながら否定はしなかったし、二月一九日には安倍談話を検討する有識者会議「21世紀構想懇談会」の設置を発表した。

侵略と被爆へのアジアの感情

筆者はこの件と関連して一九九五年の戦後五〇年、そして被爆五〇年時のことを思い起こした。筆者はこの年の三月に「国際市民フォーラム・長崎」プレ会議及び同年八月のアメリカン大学における「核兵器のない世界へ」のフォーラムに、いずれもパネリストとして招かれる機会があった。前者ではシンガポール特派員の記者が、後者では在米中国人留学生がほとんど同様趣旨の発言をした。それは「日本政府が過去にアジアで行った侵略と加害の歴史を直視し、謝罪するのでなければ、いくら原爆被爆の悲惨さを訴えても私たちアジア人の共感を得ることはできないだろう。なぜならアジアでは、いまも原爆投下は侵略者日本への〝天罰〟だとする論が根強いのだから」というのだった。

そうだ、当時はいくら時の首相が「先の大戦は、疑いなくアジアへの侵略戦争だった」と反省、謝罪しても、すぐに足元の閣僚がこれを否定し、しばしば辞任に追い込まれていた頃だった。しかし今回は重味の点でその比ではない。一国の総理が植民地支配や侵略の事実をあくまで否定したがっているとしたら、単に見苦しいばかりではなく、多くの良識ある国民や被爆地の市民の思いとは全く相反する。私たちは過去のあやまちを潔く反省し、辛くとも加害の歴史と誠実に向き合う勇気こそ、国の誇りであると信じているからだ。

（2015・3・15）

歴史の教え方を変えてはどうか

学ぶことへの責任は譲れない

学長時代の筆者は、大学間の学術交流協定を締結するために、海外の大学を訪れることも少なくなかった。アジアでは韓国、中国、タイ、シンガポールなどが主な対象となっていた。協定文への相互の学長ないし学部長の署名交換といった式典めいたものの前後には、しばしば相手大学の学長と打ち解けた会話を交わす機会があった。そうした折、もし聞けそうな雰囲気があれば、筆者が忘れず発した質問はこうだ。「先生は戦後生まれの日本の若者にも、先の大戦への戦争責任があるとお考えでしょうか?」。ほとんどの学長はうなずきながら答えを返してくれた。それらに限っていえば、全員が戦争責任はないと思う、との点で一致していた。

ただそれに続けた言葉の中には、日本人として考えさせられる歴史認識に対する率直な指摘があった。ある韓国の学長の発言。「韓日の若者、とくに学生たちが自由に相互の国を訪ね合い、学術・文化や伝統・歴史を通して交流し合うことは大変意義のあることだ。政治的には多少ギクシャクした時代があったとしても、民間の、とくに先入観に捉われない若い世代が理解し合うことは、未来への希望を抱かせてくれると思う。しかしそうしたとき、近現代史への理解度について、韓日学生の擦れ違いが大きすぎる点が障害となっている。日本側ではすぐ韓国における反日教育をやり玉に上げるが――確かにそうした一面があることは否定しないが、それにしても日本の若い人たちは現代史について、余りに知らなさ過ぎるのではないか。だからこの種の話になると、議論以前に韓国側の一方通行となってしまいがちで、日本の若い人たちは困惑気味に黙り込んでしまうらしい」とのこと。

この点は残念ながら中国の学長たちの見方もほぼ同様であった。その中でも、より具体的に指摘した老学長の言葉が強く印象に残った。「むろん私は日本の若い人たちに戦争の責任があるとは思っていない。ただ近い過去の歴史として、なぜ日本が中国への侵略戦争に手を染め、占領地で日本軍が何をし、どういう傷跡を残したかをキチンと学ぶ責任はあるはずだ」と穏やかな口調ながら、その点だけは譲れない、と言いたげな響きが込められていた。

日本史のカリキュラム改正案

翻って日本の歴史教育の現状はどうであろうか。若い人に限らず戦後生まれの日本人は、平均して似たような教育を受けてきた、と考えても大きな間違いはないだろう。原始・古代から始まって、大和国家の成立と発展、律令政治の確立と推移、前期封建社会（中世）・後期封建社会（近世）として武家政権、室町時代の社会や文化、桃山文化、江戸幕府の成立と鎖国、江戸幕府の滅亡あたりまでの詳細な教え方に比べると、時間切れも手伝って、明治維新以降の近代社会については第一次、第二次世界大戦も含めてにわかに駆け足で通り過ぎていく。つまり受験用として何年何月にどういう紛争や戦争が起こり、どういう人物が出現したかをもっぱら〝暗記の歴史〟に留めようとする。そのためそれらの事象の本質および背景を掘り下げて十分理解するだけの余裕はない。結果としてほとんど知識の蓄積として残らないし、議論する力もない。

こうした事実を踏まえて、筆者は素人の身をも顧みず、あえて日本史のカリキュラム改正案を提示させてもらうことにした。極端な形でよければ、韓国で試みられているような詳しい近現代史から始めて、逆に古代史までさかのぼって教育する方法が一つ。それが無理ならば、今よりも現代史のためにより多くの時間が残せるよう、各年代の簡略化を伴ったカリキュラムに編成し直すことだ。そのことが世界に通用する歴史観を持った人間育成に役立つばかりでなく、単なる暗記人間ほど、独りよがりのナショナリズムに基づく歴史観に、いとも簡単に同化され易い点を防止する有効な方策ともなり得よう。

（2015・4・15）

再び徴兵制を考える

「切れ目のない」日米の軍事的協力の意味

安倍晋三首相は先の国会論戦の中で「集団的自衛権の行使を認めれば、やがて日本が徴兵制になるなどとデマを飛ばす人がいる。それはとんでもない話であって、絶対にあるはずのないことだ」と断言した。しかし首相はその根拠については一言も触れなかった。いや、触れなかったのではなく、触れ得なかったのが実際のところであろう。

この件については、本誌第4243－4号（「若者を再び戦場に送るな」、本書Ⅱ章八三ページ）にごく簡単に記したことがある。だが首相が徴兵制がデマだというのなら、若い人たちのために改めてここで述べてみたい。日米防衛協力の指針（今回改定された新ガイドライン、二〇一五年四月二七日に合意）や閣議決定した安全保障政策の関連法案をみても分かるように、米軍が戦闘を始めた場合、一定の条件を充たせば自衛隊も切れ目なく運命共同体（といっても日本が従属的立場であることに変わりはない）として行動を共にすることが可能となる。そして地理的制約も外してあるため、事と次第によっては、地球の裏側まで自衛隊が派遣されることもあり得る。

日本には自主的判断で米軍の要請を断る権利がある、などと安倍首相は強弁する。なるほど表向きはたとえそうであっても、実際に正面切って断れるはずがない。中国の〝脅威〟をテコにして、どうしても〝虎の威〟である米国の力を借りたい日本政府が、時期的にそれほど急ぐ気のなかった米側を督促し、頼み込む形で日米首脳会談に間に合わせたからだ。ごく最近、某民放テレビの報道特集で元自衛官幹部が「われわれは専守防衛だったからこそ、日本国民を守ろうとの決意で必死に訓練に励んできた。しかし、よその国にまでそれを広げるのには違和感がある。現場のわれわれと政治家の考え方に乖離を生じているのではないか」とキッパリと語るのを聞いた。無理もない、犠牲となるのは常に現場の自衛隊員なのだから。

現在、多くの自衛隊員はたとえ訓練は厳しくとも自己の心身の鍛錬に役立つ、あるいは各種技能の修得がその後の人生に役立つ、といった平時だからこそ許される目的で入隊するのがふつうであろう。ところがいったん戦時体制となり、いつ犠牲を強いられるか分からないとなると、隊員希望者が減少することはまず間違いあるまい。その上ここに深刻な人口動態の影響が重なってくる。

二〇六〇年の人口推計から考える

二〇一四年の人口動態統計の中で、死亡者数から出生数を差し引いた人口の「自然減」は過去最大であり、しかも八年連続の自然減の果てであった。また母親が一生のうちに産む子どもの数、つまり「合計特殊出生率」は一・四三で、これが続けば人口は減る一方で二〇六〇年には日本の人口は約八七〇〇万人まで落ち込む。さらに将来、兵役適齢期を担うべき一五歳以下の人口が、ここ三四年間減少の一途をたどっているため、二〇六〇年には若年者の低比率は推して知るべしだ。

安倍首相はこれらの客観的データを前にしてもなお自衛隊（というものよりも、もし現在進めようとされている安保法制に規定された自衛隊に変貌すれば、それはもはや国防軍そのものであるが）の隊員不足を補うのに、徴兵制の否定を何をもって断言できるというのだろうか。まさか外国人を傭兵として雇うつもりだなどと言いだすことはないだろうが。

今後の国会審議やもしも国民投票まで持ち込まれたと仮定しても、現在すでに兵役適齢期にある人たちは、徴兵を免れる可能性はたぶん高いだろう。しかし安倍政権の敷こうとする安保路線が続く限り、必ずやこれらの人々の子ども、あるいは孫たちが国家の名において徴兵される可能性は十分にあり得る。その時になって自分たちの両親ないし祖父母たちは、なぜ体を張って反対してくれなかったのか、といくら責めたところでもはや遅いのだ。現在の若い人たちに、安保問題に関心を寄せてほしい理由の一つはこの点にある。

（2015・6・1）

他作自演の違憲芝居

「戦後レジームからの脱却」の意図

安倍政権は今国会（第一八九通常国会、二〇一五年）の会期を九五日間延長することを決定した。閣議決定した安全保障政策の関連法案について、国会での議論を尽くし、国民の理解を得るためであるという。

だがその後の国会論戦を見る限り、安倍首相の口癖にも近い「国民の皆さまへのていねいな説明」には程遠く、硬直し切った繰り返しの答弁ばかりが目立つ。たとえば憲法学者による圧倒的多数の違憲表明や元内閣法制局長官らによる手厳しい批判に対して、集団的自衛権の行使を合憲とする政府反論が、高村副総裁のひねり出した砂川判決や一九七二年の政府見解のこじつけ解釈しかない、というのだから情けない。国民も馬鹿ではないからその間のカラクリはすでに見破っていて、世論調査の度に「国民への説明が不十分」の比率が上がっていくばかりだ。

ところで筆者は二〇〇六年に第一次安倍内閣が成立したときから、米国政府にどういう対応をするか、について注目していた。格好なバロメーターは「アーミテージ報告」だった。同報告は二〇〇〇年にすでに出されていた。最も関心を引いたのは憲法九条についての記述である。「日米安全保障条約はそれなりに機能している。しかし今のままでは中途半端である。集団的自衛権の行使が認められていないことが主な理由であり、それを妨げているのは憲法九条である。日本がもし集団的自衛権の行使容認に踏み切れば、日米間の軍事的協力はより強固なものとなり得よう」というのがその骨子だった。

改憲を党是としている自民党政権も、さすがにすぐに応じるのにはためらいがあった。ところが二〇〇六年に政権を取った安倍内閣は、「戦後レジームからの脱却」を掲げて、さっそく集団的自衛権の可否を論じる例示に関する有識者会議を発足させた。ただ参院選での自民党の惨敗、閣僚の相次ぐスキャンダル、首相の体調不良も重なって安倍政権はわずか一年で退陣した。第二回「アーミテージ報告」が出たのは、まだ首相在任中の二〇〇七年二月であった。「われわれは安倍政権の憲法に関する見直し、また個々のケースで特措法を必要としない恒久法の検討に勇気づけられた。ただCIAによると、日本の防衛費は世界でトップ五に入っているものの、GDP比では世界で一三四位に過ぎない。さらに防衛費の増額を期待したい。日本は人質救出の計画や必要な専門技術を発展させ、米艦援護に当たるべきである。日本がミサイル防衛計画への参加に際して、武器輸出三原則の例外として米国への技術供与を認めたが、残りの禁止事項も解除すべきである。宇宙における安全保障分野の国会論議を歓迎する」。

さらに第二次安倍内閣の発足後、二〇一二年には第三回「アーミテージ報告」がなされた。日本への勧告としては「原発の再稼働は、日本にとって正しく責任ある措置である。また日本は多国間の取り組みに積極的な関与をすべきである（たとえば海賊対策、ペルシャ湾における輸送の保護、シーレーンの安全など）。日本は自身の防衛のみでなく、米国との協力による地域的な不確実性に対する防衛へと拡大すべきである。イランがホルムズ海峡を機雷によって封鎖しそうな言辞を弄することがあれば、日本は単独で掃海艇を派遣すべきである。PKOへの十分な参加のため、必要とあれば他国のPKOのために武力行使を考慮すべきである」。

これら三回の勧告的意見に対して、集団的自衛権の絡む事案を除けば、日本政府はきわめて従順に法規や国会決議を改めまでして期待に応えた。そして最後の仕上げが、集団的自衛権の行使容認を含む今回の新ガイドライン締結ということになる。つまり米国の描いたシナリオに沿って、日本の首相がいかにも自主的であるかのように演じているに過ぎないのだ。安倍首相が国会答弁で繰り返す〝ホルムズ海峡の機雷除去〟は、まさしくその象徴と言えよう。〝虎の威〟を借りる代償はあまりに重い。


（2015・7・1）

継続を力としよう

危機意識を持つ若い世代を起爆剤に

衆議院に続いて参議院でも安全保障関連法案の強行採決――シナリオ通りとしか思えない自公政権の暴走ぶりであった。国会の審議も国民へのていねいな説明もすべて後回しにして、ひたすら〝盟主〟米国への約束を果たすべく汲々とする安倍晋三首相の振舞い。これが「ポツダム宣言はつまびらかに読んでいない」「東京裁判は勝者が敗者を裁いたものであって認められない」「日本国憲法は占領軍によって押し付けられたものであり、それも短期間でやっつけ的にまとめ上げられたに過ぎない」などと反米的ポーズで人気を得てきた人物の本性なのだ。

安保法制に対しては、圧倒的多数の憲法学者、歴代の内閣法制局長官、さらに何人かの元最高裁判事さえも憲法違反と断じ、主権者たる国民の過半数が反対、八〇パーセント以上が今国会での可決に反対していた。それを無視して数の力で押し切るとあっては、どうして日本が立憲主義の国、真の民主主義国家と言えるだろうか。ただ、そうは言っても、われわれはいま失望、落胆しているときではないのだ。安保法の廃止を目指して、第二章の幕が上がったと頭を切り換えなくてはならない。そのためにはせっかく盛り上がっている国民の関心を、何としてでも持続させ、節目節目で平和を国民の手に取り戻す意志表示を行うことが必要である。

具体的には、選挙時に景気回復を前面に掲げる自民党の甘いスローガンに欺かれないこと、憲法改定の野心を燃やす安倍政権の支持を止めることが前提となろう。前者に誘われて自民党に大量流れた票が、公約の隅に書かれ、候補者がほとんど選挙中に触れることもなかった安保関連への支持票であったかの如く擦り換えられたのが、今回の多くの国民に与えた苦い教訓となったはずだ。また後者については、法案通過後の首相談話にあるように、またしても「経済の推進を最優先課題として取り組んで行く」として国民の目を安保の実態から外らさせようとしている。手始めはすでに国民にもなじんでいる国連平和維持活動（ＰＫＯ）への自衛隊の「駆け付け警護」から手を付け（南スーダンへの派遣が取りざたされている）、米国も今回の日本国内の根強い反対に配慮して、当分は自衛隊への派遣要請を手控えるだろう。そして安倍首相が「国民があれほど騒いで反対したが、これまでと少しも変わるところはなかったではないか」と胸を張って言うまでは待つに違いない。しかし、それは束の間の平和であって、その先には……。

われわれは自衛隊員が他国民を殺し、殺されないようにするために、また世界に誇るべき九条の理念を貫くためにも、今後も学習会や講演会、集会やデモなどを折に触れて継続して行く必要がある。その際、従来の団体や組織による動員に加え、特に今回、自然発生的に広がった学生を中心とした若い人たちや、若いお母さんたちの危機意識に焦点を当て、法律を廃止に追い込む起爆剤とすべきであろう。なぜならこれらの人たちこそ、議場でぬくぬくと安全地帯に居りながら、盤上の駒を動かすかのような与党議員たちと違い、戦争となれば最も駆り出され、直かに犠牲を強いられる可能性が高いだけに切実なのは当然だからだ。

なお、内閣支持率について毎日新聞が興味深い世論調査を行っている。二〇一五年五月の調査では内閣支持率は四五パーセント、不支持率は三六パーセント、法案に反対する層の二四パーセントは安倍内閣を支持した。七月の調査では支持率（四二パーセント）と不支持率（四三パーセント）がほぼ並んだが、法案に反対する層の内閣支持率はなお二一パーセントあった。これに対し、安保関連法案の衆議院通過後の調査では、法案に反対する層の内閣支持率は一二パーセント（！）に低下した。このことは、法案への判断に迷っている人々への働き掛けによっては、来年（二〇一六年）の参議院議員選挙以前であっても、倒閣の可能性がゼロではないことを示唆している。

（2015・10・1）

今、メディアに求めたいこと

安保関連法成立後の奇妙な現象

二〇一五年九月一九日未明の国会において、集団的自衛権行使容認を含む安全保障関連法が成立した。毎日新聞によるその後の世論調査（一〇月七、八日に実施）では、「安保関連法を評価しない」とする人は五七パーセントにも上り、それ以前の批判的な世論傾向は少しも変わっていない。にもかかわらず、安保関連法成立後のメディアの世界では、奇妙に共通した現象が見られるようになった。政府の御用新聞かと疑われる『産経新聞』、『読売新聞』の両紙にあっては、希望が達成できたのだから当然だったに違いない。だがそれ以外の各紙、中でも筆法鋭く法案の危険性を指摘し、問題点を追及してきた『毎日新聞』、『朝日新聞』、『東京新聞』を始め、多くの地方紙までもがパタリと安保関連法に関する記事を掲載しなくなったことだ。

関連法が成立してしまったのだからあれこれ言っても仕方がない、あるいは民意の試金石とみなされる来年（二〇一六年）夏の参議院選挙前にキャンペーンを張ればいい、あまりいつまでも批判を続ければ、読者がうんざりして購読者数に響きはしないか、などといった思惑が社の幹部に働いた結果ではないかと考えられる。そうした点は筆者としても分からないではない。

しかし、である。今だからこそ、安保関連法が日本の今後の命運を決定的に歪め、先の大戦で得たはずの教訓を台無しにしかねないことを、メディアは警鐘を鳴らし続ける使命を担っているのではないだろうか。そう思わせるほど、国会論戦を通じて知り得た憲法無視の政府の無責任さ、法案の具体例に見られる辻褄《つじつま》の合わない釈明の数々、米国の補完勢力として、自衛隊員のリスクを口にしない後方支援の実態等々、国民にとっては説明の積み残しはまだまだ残されたままだ。これらの疑問点に対して、メディアはキチンと検証し、総括して読者に提供して欲しいとの声は決して少なくない。

継続性のある報道をのぞむ

筆者がこうしたことにこだわるのには理由がある。満州事変から日中戦争、さらには太平洋戦争に至る間、民意の推移を肌で感じた筆者は、一般の民意というものがいかに移ろいやすいかを知っているつもりだからである。かつての日本は議会政治の弱体化と反比例して軍部の台頭を招き、経済的行き詰まりを打開する手段として、〝満蒙開拓〟という名の侵略へとつながる路線を選んだ。そして日本による傀儡《かいらい》政権の「満州国」に対する国際連盟の勧告を拒み、次第に国際的孤立へと追い込まれた。ところが国際連盟からの脱退は国民の「快哉《かいさい》」の声によって迎えられ、熱狂的な軍国主義下で育てられた多くの国民は、「もっとやれ、もっとやれ」とばかり、冷静な平和的手段や非戦の声をかき消して行ったのだ。

ラジオ、雑誌を含むメディア全般への言論統制、自社の生き残りを図るための自主規制、思想犯を主たる対象とした特別高等警察（特高）の新設などが相次いだ。治安維持法は当初こそ国家転覆を目論《もくろ》む犯罪者の取り締まりを目的としたものの、その後の改正で共産主義者、社会主義者、新興宗教指導者、戦争末期には自由主義者、民主主義者、さらには政府批判を行った者まで対象とするに至り、目ぼしい人物に対しては、〝予防拘禁〟という信じがたい手段によって言論を封じたのが七〇年前までの実態であったことを忘れてはならない。

来年（二〇一六年）からは選挙権が一八歳年齢まで引き下げられる。もっぱらインターネット情報に頼りすい人たちの中には、一刀両断的な過激なナショナリズムに染まる可能性も十分に考えられる。これらの若い人たちへの啓蒙のためにも、また、今は安保法制への根強い危機感によって廃案を目指している国民の意識を風化させないためにも、空白期間をメディアの継続的報道（たとえ狭いスペースであったとしても）によってぜひ活用して欲しいものである。

（２０１５・11・15）

「抑止力」発言は何をもたらすか

安全保障解釈へのシフト

当初、安倍晋三首相は強気だった。集団的自衛権の行使容認は憲法の解釈変更に過ぎない、したがって憲法には何ら違反しない、と主張していた。これに対して圧倒的多数の憲法学者たちが、違憲であり立憲主義の否定につながると批判した。慌てた政権側は、最高裁における「砂川判決」と「九七年の国会決議」を持ち出して反撃を試みたものの、何人かの元内閣法制局長官や元最高裁判事らによって否定される事態となった。

安倍首相が安保法制の憲法論議を避けて、もっぱら安全保障の見地からの解釈にシフトしたのは、この時期からであった。形勢不利とみての方針転換を図ったに違いない。今回の安保法制の成立によって、日米間の軍事協力はより緊密化し、両者一体による力が、日本を取り巻く安保環境の悪化に対して強い抑止力として働くというのである。集団的自衛権の行使容認を含む安全保障関連法案について、衆議院における審議までは首相はこう表現していた。「日本にとって北朝鮮などの〝脅威〟とみなされる国家による安全保障環境の悪化」に対抗するための法制が必要、と理由付けしていたのである。

ところが参議院に審議の場が移るや、安倍首相は〝脅威〟とする国家に「中国」をハッキリと名指ししたのだ。それは米軍と一体化（事実は従属であるが）した自衛隊の戦力が、中国に対する抑止力になり得ることを内外に示したかったからに他ならない。以後、首相は安保法制に触れるたびに、「中国に対して抑止として働く」ことを忘れずに力説するようになった。そして一般の人々、中でも安全保障に無知または無関心だった人たちに、ある種の安心感ないし共感を呼んだことは確かであろう。だが首相の描く抑止力は、果たしてメリット面の強調のみで済ませられる性格のものと言えるのだろうか。筆者は決してそうとは思わない。理由はデメリットの面がはるかに大きいと考えるからだ。

軍事力による抑止という概念はずっと以前から存在していた。しかしその概念が改めて認識されるに至ったのは、東西冷戦中の核兵器による抑止論の展開であった。米国のマクナマラ元国防長官の提唱した「相互確証破壊」（MAD）は、その代表的なものであった。もしソ連が米国に対して核の先制攻撃を仕掛けてくれれば、米国は報復として倍加する核攻撃をソ連に加え返す、と警告することによってソ連の野望を思いとどまらせる、というのがその骨子であった。そのためには、実際に上回る数の核兵器を量産していなくては脅しの効果を発揮できないことになる。かくて両国は競い合って核兵器製造に走り、最盛期には合計で七万発近くという狂ったような数に達していた。

もう一つ別の具体例を挙げよう。ソ連およびその衛星国と北大西洋条約機構（NATO）との対立が危機化しつつあった時のこと。通常兵力ではかなりソ連に劣るとみたNATOは、射程距離五〇〇キロメートル以下の戦術核戦力を配備して対抗した。これを知ったソ連側は、中距離核戦力SS－20ミサイルを配備して優位を保とうとした。するとNATOは、それを上回る射程距離のパーシングⅡと巡航ミサイルの配備を立案した。こうした歴史的事実は何を物語っているのだろうか。

抑止という考えは相手がよほど小国か、または軍事力の貧弱な発展途上国であれば、ある程度まで通用する手段であるかも知れない。しかし中国のような〝大国〟や北朝鮮のような〝独裁国家〟に対して抑止を誇示すれば、自国に対する挑発として受け止め、ますます軍拡に走るであろうことは、前記の例に見る通り想像に難くない。歴史に学ぼうとしない安倍首相であるが、米国の威を借りて抑止論をひけらかす場合ではないはずだ。さもなければ中国は、日本が非難する南シナ海の人工島をさらに増やさないとも限らないではないか。

（2015・12・15）

●2016　誰にでもできる政治参加へ

署名活動への疑念をはらう

年明け早々の一月一一日（二〇一六年）、その種の集会としては珍しい「キックオフ集会」と銘打った集まりに出席した。学生を主とした若者の参加があったためか、サッカーかラグビーの催しかと見まちがえる呼び名は、実は政治的な、極めて今日的なテーマに続くものであった。『戦争法廃止を求める2000万人統一署名キックオフ集会』が正式な名称なのである。呼びかけ団体は「戦争への道を許さない！　ながさき1001人委員会」「憲法改悪阻止長崎県共同センター」「女の平和in長崎」「N－DOVE（学生団体）」であり、これら四団体が共同して統一署名活動を始めようというのだ。もともと東京で大江健三郎さんらを中心とした「戦争をさせない1000人委員会」と他の三団体が話し合って「総がかり実行委員会」を立ち上げ、2000万人戦争法の廃止を求める統一署名を行おうと全国に呼びかけたのが始まりで、被爆地長崎がいち早くこれに呼応して、県下で二〇万人を目標に活動を開始したのだった。

筆者はこれまで各種の署名活動の要請を受け、その趣旨に賛同の場合はなるべく応じてきたつもりである。しかし甚だ不謹慎な言い方であるが、署名の効果についていつも頼りなさを感じていたことを告白しなければならない。政治家が署名目的や署名人の名簿にいちいち目を通す保証はなく、よほどのことがない限り、秘書や取り次いだ人間の手で処分されてしまうのが落ちではないか、との疑念を捨て切らないでいた。だが今回ばかりは今までにない衝動めいた意欲が起こり、積極的に取り組んでみようと決心した。署名くらいしなければ、と追いつめられた心境とも言えた。

一連の首相発言をどう読み解くか

今年（二〇一六年）の一月四日、安倍晋三首相は年頭の記者会見で質問に答えて、夏の参院選時に「衆参同時選挙を行うことは全く考えていない」と全面否定した。ところが直後の一月六日には自民党の佐藤勉国対委員長が、「衆参同日選は全くないという話ではない」と発言。その三日後には自民党の二階俊博総務会長が、「安倍首相が衆参同日選をしたいと思っているのは間違いない。そう思っているのだから同日選があるかも知れない」と何とも思わせぶりな発言をしている。一方、首相は一月一〇日のNHK番組で「一部野党の協力を得て、参院で憲法改正の発議に必要な三分の二の議席を目指す」と発言するや、一月二一日には参院審議の中で、「いよいよどの条項について憲法を改正すべきか、改正論議も現実的な段階に移ってきた」とさらに踏み込んだ。そして二月三日の衆院予算委員会では、ついに「国防軍」設置を盛り込んだ自民党憲法改正草案を引用しつつ、九条二項（戦力不保持）改正の必要性にまで言及したのだ。

これら一連の首相発言をどう読み解くか。筆者なりの解釈を以下に述べてみたい。衆参同日選に関しては、多分に政府と連動した自民党側の陽動作戦であり、野党の動揺や分断を図ろうとしたものであろう。首相自身は与党に加えて、政権に擦り寄るおおさか維新の会など〝エセ野党〟勢力を抱き込めば可決できる、とかなりの確信を持つに至っていることはほぼ間違いない。問題は後段の国民投票に対する民意である。首相の不安は、改憲に向き合う国民の意志が奈辺にあるのか、そこが掴みかねているからこそ、今回、自らの積極姿勢を示してそれへの国民の反応を探ろうとしたのではなかったのか。国民投票でもし敗れるようなことがあれば、自己の政権時代に改憲することは絶望的となるのを恐れているからだ。

私たちの今回の署名活動が、想定以上の多数を結集できれば、参院選での野党協力と勝利に大きな弾みとなるばかりでなく、不幸にして国民投票に持ち込まれたとしても、否決の確固とした礎になることは疑いない。

さあ、私たちの一筆で国の命運を決する意志を示そうではないか。

（２０１６・３・１）

知る権利を阻害させてはならない

放送局の判断に行政は介入できない

不幸にして筆者の杞憂は杞憂で終わらなかった。発端は昨年（二〇一五年）の春のことだった。自民党の調査会がＮＨＫの「クローズアップ現代」とテレビ朝日の「報道ステーション」が事実に反する放送を行ったとして、両局の幹部を呼びつけて事情聴取したことに始まる。党調査会は、ＮＨＫと日本民間放送連盟でつくる「放送倫理・番組向上機構」（ＢＰＯ）が自主的に判断するのも待たず、しかもＢＰＯを信用しないのか、政府がＢＰＯに関与する必要性にまで言及するに至っては、時の政権がテレビ局を委縮させる行為と受け取られても致し方あるまい。この直後に招かれた講演会で、筆者はテレビ界がまさかこのまま黙認するはずはなく、放送内容の是非とは別に、堂々と見解を表明するだろうと述べた。

ところが期待は完全に裏切られた。ＮＨＫもテレビ朝日の幹部もひたすら行き過ぎがあったと陳謝し、他局もメディアとしての危機意識を共有する動きをみせようとはしなかった。――

そして、この伏線がやがて今国会における高市早苗総務大臣の高飛車な発言へと結実していく。「政治的に公平でない番組を繰り返し流した場合、時の総務大臣の判断で放送局に電波停止を命じることもあり得る」と度重なる野党議員の質問に対して譲ろうとはしなかった。だがどう見てもこの点は高市大臣の越権的発言としか思われない。成り立ちからして放送法第四条一項（番組編集準則）は、表現の自由の保障のもとで放送局の自律的判断に委ねた倫理規定であって、行政介入の根拠になる法規範とはまず考えられないからだ。

番組審議会の仕組みを知る者として

筆者がこうした経緯にこだわるのには訳がある。五年前まで某民放局の番組審議会委員長を過去二〇年以上務め、つぶさにテレビ界の流れを学んできた経験のためである。番組審議会（番審）というのは、ほぼ毎月一回、あらかじめ局側の提示した課題番組（中央のキー局が製作した作品が主で、時に地方局独自の作品もある）について、一〇名内外の委員が一人ずついろいろな角度から局側への質問を交えて批評を述べる。また残りの時間は放送全般について委員の注文や要望を聞く。この民放では当時年に二回、全国の委員長が一堂に会する代表者会議が開かれ、テレビの在り方に関する忌憚のない意見交換が行われていた。番審の議事録は全て総務省やキー局に提出され、次回審議ではキー局からの回答が寄せられる仕組みになっている。代表者会議の記録はＢＰＯにも提出され、一般の個人あるいは団体から寄せられる苦情とともに、たとえばテレビ番組のやらせ、改ざん、捏造などの指摘の中からＢＰＯとして取り上げ、審理すべきか否かを選別するのに大いに役立っているという。

それにしても自民党は安倍晋三首相をはじめとして、戦前回帰型の思考の持ち主が目立っている。憲法九条の改定が党是となっているばかりか、基本的人権や報道、表現の自由などに対しても何かと公の前には一定の制約を設けようとする本音がチラつく。テレビやインターネットのなかった戦前のマスコミの世界は、国家権力にとって今より遥かに取り締まりが容易だったことは疑いない。唯一の電波であるラジオは、ＮＨＫが唯一の国営機関だっただけに、政府に都合のいい報道のみを流させることは容易だった。残るは新聞と雑誌だ。反政府的や反戦的記事、共産主義や無政府主義にかぶれた記事の掲載があると、社の幹部が呼び出され、編集意図の事情聴取や執筆者が危険人物であることを警告する。

編集者が怯んで次回から自主規制すればそれでよし。気骨ある出版人がさらに同様の行為に及ぶと、今度は言論統制の本性を現わして弾圧に掛かり、最悪の場合は、国の権限下にある用紙の配給を断つと通告されるのだ。今回の高市大臣の「電波停止」は、まさにこれに匹敵するメディアへの〝死刑宣告〟以外の何ものでもない。

（２０１６・４・１）

大統領の広島演説を考える

核保有国と非核保有国の深い溝

オバマ米大統領の広島における演説をテレビで聞き、内容の英文および日本語訳を新聞で読んだ。

人類史的な観点から戦争と平和について語り、科学や宗教の果たす役割、罪のない人々の死への追悼、殺りくを超えた和解への道、そして広島や長崎が核戦争の夜明けでなく、道徳の目覚めの始まりであるべきだと説いた格調の高い文章であった。これが被爆地以外で話されたか、またはオバマ氏個人の理念や哲学を披瀝する場であったとしたら、筆者はためらうことなく高い評価を下したに違いない。だが事実はそうでなく、核超大国である米国の現職の大統領が初めて被爆地広島を訪れ、被爆者代表たちの前で行った特別な演説なのである。

オバマ大統領がG7に出席する前から、新聞やテレビは連日のように氏が何を語るか、また何を語って欲しいか、と関心をそそるように報道を重ねていた。筆者も朝日新聞、毎日新聞、読売新聞、共同通信、長崎新聞ほかの新聞社やテレビ各局の取材に追われたものだった。こうなると無意識のうちに、演説の内容にある種の期待を抱きたくなったとしても不思議はない。

しかしその点は残念ながら期待外れに終わった、というのが筆者の率直な感想である。他の土地ではなく、〝被爆地〟で語るにしては核兵器への言及が少ない上に、余りに抽象的な文言に終始していたからだ。確かに二〇〇九年のプラハでの演説をなぞった表現はあるものの、あの時のように衝撃に近い「核兵器のない世界」を目指す情熱と新鮮な提案は影が薄くなっている。たとえば今回、こういう文章が出てくる。「私たちのように核を保有する国々は、恐怖の論理から脱する勇気をもち、核なき世界を追い求めなければいけません。私の生きている間に、この目標は実現できないかもしれません。しかし、たゆまぬ努力によって、悲劇が起きる可能性は減らすことができます。私たちは核の根絶につながる道筋を示すことができます」。まさしくその通りであって異論はない。ただその努力や道筋を妨げているのは、当の米国自身の消極性にあるという現実と矛盾しているのではないのか。筆者たちが最も知りたいのは、ではどうすれば米国の英断を引き出せるのかの一点にある。それほど現在の核兵器をめぐる核保有国と非核保有国の溝は深いのだ。

被爆者が本心として大統領に願うこと

圧倒的多数の非核保有国の主張は、核の非人道性を認定し、核兵器を法律によって規制（非合法化）し、その上で核兵器禁止条約につなげようということでまとまっている。しかし核保有五か国は、非人道性についても明確に認めようとしないし、国連の作業部会さえボイコットしている。その先頭に立っているのが米国であり、米国が動かない限り、この閉塞状況はまず打開されそうにない。しかも両グループ間の対立によって時間を空費している隙に、北朝鮮のように核兵器やミサイルの技術開発を着々と進める国家が現れてきているのだ。

オバマ大統領の今回の広島訪問に際して、事前の被爆者への世論調査では圧倒的に歓迎する声が多かった。だがその内容を分析してみると、本心としては大統領に「原爆投下は誤りだったと言って欲しい」、あるいはそれより少ないながら「原爆投下を謝罪すべきだ」と思う人たちが決して少なくなかった。しかしそのことを表に出せば、原爆投下正当論の根強い米国内の世論に配慮して、オバマ氏の被爆地訪問は、まずあり得ない。こうしたジレンマの末、被爆者は大統領への注文をグッと心の中で抑え、少しでも核廃絶への具体的な道筋を示してくれることを期待して、歓迎の意を表したに違いない。その意味で筆者が大統領の広島演説を期待外れと評したのも、これと共通した心情と言えよう。

（2016・6・15）

〝お試し改憲〟は不要だ

国民主権を制御すようとする改正案

自民党は憲法改定を行うに際して、まず国民に身近な課題を取り上げ、国民投票に馴らした段階で本丸の九条に手をつけるのが望ましい、との考えを示している。手始めとして、大災害やテロなどを想定した「緊急事態条項」の創設を挙げ、これだと国民の理解が得られやすいと目論んでいるようだ。

「緊急事態条項」は、国家の緊急時に政治的空白を作らないようにするため、一時的に内閣への権限集中を認めるというもっともらしい条項のように思われがちである。この点について二〇一二年に発表した自民党の「憲法改正草案」では、「緊急事態において特に必要があると認めたときは、法律の定めるところにより、閣議にかけて、緊急事態の宣言を発することができる」とされ、その上で「内閣は法律と同一の効力を有する政令を制定することができる」とし、「何人も国その他の公の機関の指示に従わなければならない」と続く。この場合においても、「基本的人権に関する規定は、最大限に尊重されなければならない」とも書かれてはいる。

しかし自民党の憲法草案全体に見られる基本的姿勢からして、この点はにわかに信じるわけにはいかない。現行の日本国憲法が、国家権力を暴走させないために、国民の手によって規制されていることが自民党には気にくわないらしい。同党の草案では日常の基本的人権でさえ、それが常に公ないし公共的利益に反しない限り、との条件つきで尊重されるとしている。つまり立憲主義の理念とは逆に、国家が国民主権を制御しようとする姿勢が、条文の重要箇所に見え隠れしている。ましてやこうした政党の内閣が緊急事態を宣言した場合、国民の基本的人権の尊重や国家の方針に対するメディアなどの手厳しい批判が、十分に保護されるとは極めて考えにくい。

敗戦の翌年、日本の新憲法制定のための衆議院における審議に際し、金森徳次郎国務大臣はこのように警告している。「民主政治を徹底させて国民の権利を十分擁護するためには、政府が一存で行い得る措置は極力防がなければならない。言葉を〝非常〟ということに借りて、それを口実に憲法が破壊されるおそれが絶無とは断言しがたい」として、憲法に非常措置を取り得る規定を入れようとはしなかった。今回、自民党の憲法草案に携わった人たちは、ほとんどが戦後生まれなので知らないだろうが、戦前、戦中を通じていかに多くの一般庶民が「この非常時に貴様らは何たることか」とばかり、警察や軍隊などの権力によって人権が無視されたことかを、金森大臣は身をもって体験していたからに違いない。

しかも現在の日本では、有事や災害時に内閣に権限を集中させる措置が、すでに法律によってしっかり整備されている。たとえば災害対策基本法では首相が災害緊急事態を布告すれば、内閣は国会閉会中でも政令を制定できるし、大規模地震対策特別措置法では、地方公共団体への指示や、警察や自衛隊の派遣を要請できる。また相手国から武力攻撃を受けた場合には、「武力攻撃事態対処法」によって緊急対処事態への基本方針を策定することができるほか、「国民保護法」によって武力攻撃事態での国民の協力が細かく規定され、事柄によっては拒めば刑罰を科すものもある。法律や政令の専門家たちは、こうした現状から憲法を改定して緊急事態条項を追加する必要は全くないと言う。いや、必要ないどころか、戦前のドイツで民主的なワイマール憲法にナチスの国家緊急権が盛り込まれたばかりに、独裁への道を許した歴史の教訓を指摘する人も少なくない。

安倍首相に告げたい。姑息な策を弄することなく、最初から堂々と九条改定の是非を問うたらよい。世論調査の結果から見ても、多くの国民は九条の改定など望んではいない。それでも国民投票を強行すれば、あなたは必ずや国民の審判に打ちのめされるに違いない。


（2016・8・1）

岩盤に穴をあけよう

米北朝両政府が応じるか否か

本誌505号[*1]に掲載された文正仁・延世大学名誉教授による論考が目を引いた。「北東アジア非核兵器地帯に進むべき時」と題したこの論考は、最近、特に相次ぐ北朝鮮のミサイル・核実験の挑発に対して、今こそ北東アジア非核兵器地帯構想を推進すべきではないか、と冷静に呼びかけている。

同様趣旨のアピールは、すでに長崎大学核兵器廃絶研究センター(RECNA:梅林宏道前センター長、鈴木達治郎現センター長[*2])が中心となり、元米政府高官モートン・H・ハルペリン氏やノーチラス研究所長ピーター・ヘイズ氏らを交えた国際ワークショップを四回重ねて提案している。ただその際、問題となるのはこうした北東アジアへの包括的アプローチに対して、実際に米国および北朝鮮の両政府が真剣にこれに応じるか否かである。米国ではオバマ政権にもはやその余力はなく、新大統領の発足は事実上年明け以降となる。

他方、北朝鮮の金正恩政権は、弾道ミサイルや核兵器開発の技術の進歩を内外に見せつけ、意気大いに上がっているだけに、みすみすこれらの兵器を手放す気などなさそうに見える。しかし、もし正恩氏が長期的視野に立ち、朝鮮半島の戦争状態を終結させようと試みた先代の金正日氏の思考を継承する時が来れば、決して解決の可能性もなしとはしないだろう。金正日氏の思考は、六か国協議の半ばに北朝鮮の代表が自分から「九二年の『朝鮮半島における南北の共同非核化宣言』は故金日成主席の遺訓であって、今日でもなお生きている」と発言したことによって表されていた。

北朝鮮の二つの声明に合意のカギがある

それ以外にも手掛かりはある。たとえば筆者たちNGOと長崎県・市共催でほぼ三年ごとに開かれている「核兵器廃絶―地球市民集会ナガサキ」の第三回大会（二〇〇三年一一月）前に、北朝鮮の平和団体代表と称する人物（恐らく政府の息のかかった者に違いない）から、自分もぜひ集会に参加したいのでプログラムを送ってくれとの要請が、実行委員長の筆者あてに届いた。書類一式を送ると喜んで出席する旨の返事があった。関心はたぶん「非核兵器地帯と核の傘」のセッションではないかと想像した。ところが直前になって、やむを得ぬ事情で出国できなくなった。ついては集会の報告集が出るようであれば、せめてそれを送っては頂けまいか、とのことであった。もう一つの例を示そう。二〇〇六年に入って北朝鮮は一〇月に核実験を実施した。その直前と前年に発表された同国外務省の声明文とを分析し、筆者は北朝鮮の意図について本誌の当エッセー*3で詳述している。

結論のみを要約すれば、二〇〇六年の一〇月三日の声明には「我々の最終目標は朝鮮半島で我々の一方的な武装解除につながる非核化ではなく、朝米敵対関係を清算して朝鮮半島とその周辺であらゆる核の脅威を根源的に取り除く非核化である」と書かれている。一方、前年二〇〇五年二月の声明では、米韓合同演習に際して、日本やグァム島から飛来した米空軍による核攻撃訓練に言及した上で「もし米国の核の脅威が朝鮮半島およびその周辺から完全に除去されるならば、半島内のみでなく、他の東北アジアにおいても永遠の平和と安定を確実にすることが可能となろう」と指摘している。つまり年次の異なる二つの声明文に傍線部が繰り返されており、しかも「周辺」には日本の米軍基地を含むことが明らかであり、スリー・プラス・スリーの日・韓・北の非核化と完全に符合する。筆者は合意のカギをここに見る。

いずれにしても日本政府は、今や北東アジアの不安定要因を取り除くため、非核兵器地帯実現に向けて、本気で乗り出すべき時を迎えているのではないか。もはや〝圧力〟だけで北朝鮮が核兵器を手放すなどという幻想を捨て、彼の国への水面下での働き掛けを行うことは、むしろ唯一の戦争被爆国日本ならではの責務というべきであろう。

（2016・11・1）

＊1　『核兵器・核実験モニター』第五〇五号、二〇一六年一〇月一日、NPO法人ピースデポ。
＊2　二〇一九年四月より吉田文彦氏が三代目のRECNAセンター長を務めている。
＊3　「北朝鮮外務省の声明を分析する」を指す。前掲『核廃絶へのメッセージ』五七ページ。

二兎を追う者は……

領土問題を四島とする意識のズレ

去る一一月三日（二〇一六年）、ロシアのマトビエンコ上院議長が長崎を訪れた。長崎原爆資料館、国立追悼平和祈念館の見学やロシア人墓地の参詣のためであった。それに先立つ一一月一日、同議長は東京での記者会見で「北方四島におけるロシアの主権は明白で、疑問の余地はない。ロシアが実効支配している北方四島の主権を日本側に引き渡すことはできない」と強調していた。

彼女の発言の真意について、地元のマスコミ関係者から筆者への質問があった。筆者は議長の発言がロシアの国内向けと対日本向けの二つの面からなされたのではないか、と答えた。ロシア指導部は、今年（二〇一五年）五月ソチで、九月にはウラジオストクで持たれた日ロ首脳会談を受けて、一二月のプーチン大統領の訪日時に、北方領土の引き渡しに応じるのではないかという憶測が広まっていることを強く懸念している。その点を打ち消すための議長発言となったのではないか。それと同時に安倍首相の北方領土問題の解決を滲ませた矢継ぎ早な対ロ経済協力案提示など、明らかに焦りを読み取った大統領側が、一二月の訪日時は領土問題を正式の議題とせず、それはあくまで平和条約締結後の話ですぞ、と日本側への厳しい姿勢を示したもの、というのが筆者の見解であった。

日本政府が国後・択捉と歯舞・色丹の四島を、日本固有の「北方領土」だと定義したのは一九五六年三月のことだ。同年一〇月一八日、つまり翌日の日ソ共同宣言の調印前日、ロシアのフルシチョフ第一書記は、日本側に対して「領土問題を含む平和条約」とある表現から「領土問題を含む」という部分を削除させた。結局、宣言文には「平和条約の締結後にソ連が歯舞群島、色丹島を日本に引き渡す」と書かれているだけで時期は明示されていない。にもかかわらず日本側は、宣言の中に四島の領土問題が存在している（国後、択捉の明記はないのに！）と解釈して以後の交渉に当たるようになった。重大なズレはここに生じた。

一九八九年に東西冷戦が終結し、その後旧ソ連邦の崩壊とそれに続く混乱期の中で、ロシアの再建は大陸中央に集中するのが精一杯で、シベリアなど辺境地域は置き忘れられる情況にあった。むろん北方四島も例外ではなかった。当時のテレビ報道の一つに、色丹の食料品店だったかと記憶するが、ズラリと並んだ空のケースの映像と年配の店主の「この通り商売どころの話じゃねえんだ。政府は何一つしようとはしてくれない。こんな風ならいっそ日本でもどこでもいい。食べられるようにしてくれたら、その国の領地になった方がよっぽどましだよ」とぼやく場面が妙に印象に残った。

その後は断続的に日ロの交渉が持たれたが、ロシア側は二島に限って協議する線を譲ろうとはしなかった。日本政府の中には、取りあえず二島返還の協議に応じては、と歩み寄りを見せる意見もありはした。しかし右翼を中心とした勢力からは「四島の一括返還こそ日本の国是だ」「二島返還にだまされるな」との強い圧力が掛かり、結局、ロシア側の同意を得ることはできなかった。情勢が変わってきたのはプーチン大統領の登場によってであった。彼はロシアの景気回復にらつ腕をふるい、その経済力をテコに北方四島を含む地域にまで開発を行き渡らせた。また日本側の要請に対して、大統領は日ソ共同宣言の原点に立ち返って、平和条約締結後に二島返還の話し合いを持つことを提案した。

今年（二〇一六年）八月に色丹島住民のロシア人の声が報じられていたが、日本人と共同事業をすることは歓迎するが、戦争で犠牲を払った以上、島を日本に引き渡す必要はない、との意見が多かった。ソ連崩壊後の混乱期とは、島民の帰属意識にも変化が読み取れると理解すべきであろう。安倍首相は「北方領土問題の解決なくして日本の戦後は終わらず」と言うが、同じ言葉を絶叫した拉致問題が、全く進展のメドも立たない状況にあるのを何と感じているのだろうか。

（2016・12・1）

●2017
エッセーの舞台裏

被爆地の立場に立った核兵器政策批判

私のエッセーは今回で一〇〇回目を迎えます。切りのいい節目ですので私の方からお願いして、今日で拙論の掲載を終わらせていただきます。

読者の皆様には唐突にお感じかも知れませんが、じつはこれまでも辞意を漏らしたことが二、三回はありました。しかし寛大な歴代の編集長から慰留をお受けしますと、ついズルズルと執筆を続けてきたというのが実際のところでした。

振り返ってみますと、初代の梅林宏道編集長からエッセーのご依頼をお受けし、第一作「臭いの記憶」[*1]を執筆したのが二〇〇五年七月一五日（ピースデポ『核兵器・核実験モニター』第二三八号）ですから、毎月ほぼ一回として一二年目に入ったことになります。「モニター」誌の内容と少しでも関連があればテーマはご自由にお選び下さい」とのことでしたので、それなら何とか書き続けられるだろう、とどこか軽い気持ちで引き受けたのが大きな間違いでした。自由に選べるという点がかえって重圧となるのを知ったのは、かなり時を経た後のことでした。

ただ二〇一〇年くらいまでは核兵器またはそれと関連のある政策について、曲がりなりにも忠実に被爆地の立場から批判を加えてきたつもりでした。その際、考えをまとめるのに示唆となった二つの委員会がありました。一つは日本学術会議「平和問題研究連絡委員会」という、大変長ったらしい名前の委員会です。ここでの六年間の特徴は文系・理系の約二〇名近くの委員が、元々は欧米先進国にくらべて低い扱いを受けている日本の「平和学」の普及、独立性を政府に答申する目的のものでした。またそれのみに捉われることなく、平和学を推進する上で阻害要因とみなされる分野にも切り込んだ自由な討論を旨としていました。たとえば核兵器とその抑止論、憲法改正の可否（ちょうど衆参両院に憲法調査会が発足して間もなくだったため、同時進行的な討議の対象となった）などがそれでした。

もう一つの委員会は故伊藤一長・長崎市長に私がお願いして、市長の諮問機関（平和推進専門会議）として発足させてもらったもの。メンバーは元外交官、核軍縮専門家、編集ないし解説委員クラスのジャーナリスト、地元学者の各二名とし、外交官は四、五年でメンバーを交代する。一九九八年から現在に至るまで継続中で、被爆地の私たちが国内外に目配りする上で参考になる点が多々ありました。

ここまでの核兵器またはその政策に関するエッセーは、幸い東京のブックエース社から『平和文庫』の第三弾『核廃絶へのメッセージ——被爆地の一角から』としてすでに出版されています（二〇一一年六月）。ところがここから私の筆は主にある特定の人物に注がれていくようになります。理由は二つあります。第一は核兵器やその政策について書き進めていくうちに、私の方はたとえエッセーの形を取るにせよ、いつしか本誌であるモニター誌の視点と重複するように感じられてきたことです。しかしそれ以上に私が放置できないと考えたのは、その人物が信念と錯覚している独善的思想の持ち主であるという第二の点です。

その人物こそ、今を時めく自民党総裁、総理大臣安倍晋三氏その人です。氏は自民党の「日本の前途と歴史教育を考える若手議員の会」の事務局長を務めたこともあってか、「戦後レジームからの脱却」をスローガンに、二度の首相時代を通じて戦後民主主義の打破と立憲主義の否定に突っ走ろうとしています。しかもその根底には、尊敬する祖父・岸信介を戦犯扱いにした連合国への呪詛にも似た私情を絡めているだけに厄介と言えます。

何はともあれ、長期間にわたってお付き合い下さった読者の皆様に心からお礼申し上げます。また貴重な誌面をご提供いただいた上、校正の労をお取り下さったピースデポのスタッフの皆様に感謝いたします。

（2017・2・1）

＊1　前掲『核廃絶へのメッセージ』一七ページ。

Ⅳ

〈論考〉岐路に立つ原子力の平和利用

原子力平和利用の序章

一九五三年、アイゼンハワー米国大統領は「平和のための原子力」と題して、国連総会の場において演説を行った。それを受ける形で一九五七年、「国際原子力機関」（IAEA）が設置された。世界の平和、保健、繁栄のため原子力の貢献を促進させ、IAEAの管理下において提供された援助が、軍事目的に転用されることのないようにするためであった。

実際に具体化したのは一九七〇年に発効した核不拡散条約（NPT）の第三条として、NPT加盟のすべての非核兵器国に対し、IAEAの保障措置を受け入れることを義務づけたことに始まる。当初、米国とソ連の提出した条約草案では、条約の期限を無期限と規定しようとしていた。だが非核兵器国から見れば、NPTは米、英、仏、中の五か国のみに核兵器保有を既得権化させた不平等な条約と映り、無期限には反対する空気が強かった。また同じ核兵器国ではあるが、フランスのように独自路線を歩むとして条約入りを拒否する国もあった。その結果、とりあえず二五年後の一九九五年に、改めて条約の無期限延長を問うこととなった。

しかし一九九五年のNPT再検討会議を迎えても、条約の不平等性は何ら変わらず、無期限延長に反対する非核兵器国も少なくなかった。そのため核兵器国（フランスは九一年に加盟）は説得の重要な材料として、NPTの第四条（原子力平和利用）を活用した。つまりNPTが原子力の平和利用の発展に寄与することを指摘し、第四条はNPT加盟の非核兵器国にとって譲ることのできない権利であると認めることを強調した。もちろんその側面としては、核兵器国の将来における商業的利益をもくろむ経済界の後押しがあった点も見逃せないだろう。

核兵器と原子力発電

原子爆弾という無差別殺りくのための兵器と、平和利用としての原子力発電は目的の上では正反対のものを目指している。従って感覚的に全く別物として受け取られやすいが、質的には密接につながっている点を見過ごしてはならない。両者ともに核分裂性物質を利用する以上、ひとたび事故を起こせば放射能汚染のハイリスクを抱えている点では同類である。

材料をウランに求める場合、遠心分離機を用いて三パーセント近くまで核分裂を起こすウラン235を濃縮したものが原発用であり、これを九〇パーセント以上まで濃縮すれば兵器用となる。また原子炉でウランを燃やすと、非分裂性のウラン238の一部は中性子を獲得して核分裂性のプルトニウム239に変わる。これを九三パーセント以上まで濃縮すれば兵器用のプルトニウムに転用できる。インドやパキスタンが原発を平和利用という名目で技術援助を受けて建設しておきながら、後に核兵器用へと転用したのは、こうした一連の関係に便乗した好例といえよう。

また原発を稼働させる限り生じてくる放射性廃棄物の処分をどうしたらいいのか、という問題はきわめて深刻である。各原発で一時的保管を行って後、日本では六ヶ所村の再処理工場へと集められた上、再処理、再利用する計画であった。しかし同工場は一九八九年の事業申請以来、一八回もの不具合いを重ねて運転のメドは立っていない。そのため工場の貯蔵施設が満杯になる可能性もそれほど遠くはないという。この問題は世界的にも共通していて、米国ネバダ州の大貯蔵施設の建設も、ブッシュ政権時に一応同意されたものの、住民の強い反対によってオバマ政権は先頃その計画を断念した。一つにはガラス固化したハイレベルの放射性廃棄物を容れたドラム缶類を、地下数百メートルの広大な空間に安全かつ永久に封じ込められるか否か専門家の間でも意見が一致していない。現在のわれわれの世代が文明の恵みを享受するだけで、次世代、次々世代の人々へこの厄介な始末を押しつけることが、果たして許される特権といえるのだろうか。

なおＮＰＴとの関連から日本が原発に背を向けるのは、加盟国として理念に反しはしないか、と懸念する向きが一部にあると聞く。だがそうしたことへの気兼ねは全く不要である。ＮＰＴの第四条はあくまで加盟非核兵器国としての権利をうたったものであって、決して義務ではない。義務が生じるのはその種の平和利用を希望する国家に対して、第三条の保障措置が適用される場合のみである。

原発推進の底流を探る

筆者はこれまで長崎以外の地域から招かれ、核兵器廃絶や違憲問題などで講演する機会が少なくなかった。ところが数年前から質疑の中で、時々ではあるが「原発についてはどう考えているか」との問い掛けがあった。当初は筆者の不勉強もあって、抽象的な答えしかできなかった。これでは申し訳ないとの思いもあって、自分なりの検討を始めた。そして今回の東京電力福島第一原発事故が起こる前の段階で、筆者は次のように答えてきた。

「結論からいえば私は災害リスクの大きい原発は、最終的にゼロにすることを目指すべきだと考えます。しかし日本の電力の約三〇パーセントを占めている原発を、いま直ちに止めようというのは非現実的です。その分を補う代替エネルギーの開発が、日本では実験段階の域をそれほど出ていないからです。主な理由は予算や研究費の多くが国策の原発関連に注がれ、代替エネルギーのそれは付け足し程度だったためです。政府が本気で発想を逆転させれば、この分野の研究開発が進展し、たとえ期間は掛かっても最終的に原子力発電に取って代わることは十分可能と思います」

以上、上の結論を固めるに至った経緯と、それ以後の新たな要素を加えつつ若干の考察を述べてみたい。

筆者はまず白紙の状態から関係省庁の発表によるデータを追うことから始めた。その中で目に止まったのは、一九九四年に発表された経済産業省の電気事業審議会需給部会による中間報告であった。それによると、一九九二年度に原子力が電力全体に占めた比率は二八・二パーセントであったが、目標として二〇〇〇年度には三三パーセントを、さらに一〇年度には四二パーセントを目指す予定になっていた。これに対して太陽光・熱、風力、バイオマス、地熱などの新エネルギー（再生可能エネルギー）は一九九二年度で〇・二パーセントであったが、二〇〇〇年度には一・四パーセントを、一〇年度には同じく一・四パーセントを目指すという横ばいの目標でしかなかった。

実際の二〇一〇年度ではどうであったかといえば、日本における再生可能エネルギーの発電量に占める割合は二・三九パーセントであって、スペインの一六・二二パーセント、ドイツの一四・二八パーセントには遠く及ばない。これに大型水力発電量を加えたとしても、日本の九・六九パーセントに対してスペインの二七・二三パーセント、ドイツの一七・二三パーセントと大差をつけられている。なかでも注目すべきはドイツで、一九九〇年には再生可能エネルギーの比率はわずか一・五パーセントに過ぎなかったが、二〇〇二年にシュレーダー政権が脱原発政策を決定するや、〇七年には五倍以上の七・九パーセント、さらに一〇年には約二倍の一四パーセントへと増加している。メルケル政権は昨年（二〇一〇年）、二〇四〇年頃までの原発延命へといったん後退したものの、福島原発事故後に再び従来の路線へと復帰した。

その上で六月六日には、遅くとも二〇二二年までに電力供給の約二三パーセントを担っている原子力発電から脱却する方針を固めた。さらにこれとは別に、ドイツ政府はすでに二〇五〇年までには電力の八〇パーセントを再生可能エネルギーでまかなう長期計画さえ立てている。

かつてこの分野では世界をリードしていた日本が、現在は先進国の中で大きく取り残されているのはなぜか。それは他でもない。自民党政権時代、とくに中曽根康弘元首相らが原発推進を国策として、手厚く保護奨励してきた結果である。そのためエネルギー分野の予算や研究費は、ほとんどが原発関連に振り向けられ、再生可能エネルギーには付け足し程度しか割かれていない。具体的な裏付けとして立命館大学の大島堅一教授によれば、一九七〇年度から二〇〇七年度に至る一般会計から支出されたエネルギー対策費の、実に九七パーセントが原子力関連に注ぎ込まれてきたというのだ。

巷間《こうかん》伝えられるところでは、自民党の原発族議員、通産省幹部、原子力安全・保安院や原子力安全委員会幹部、これらの天下り先と目される電力会社、さらに原発推進の学者グループによる政官産学から成る複合体がガッチリとスクラムを組んで原発システムを牛耳ってきたと報じられている。これでは再生可能エネルギーの研究などは、反原発の物好き連中がやっているくらいにしか見られていなかったのも、あながち誇張した話とばかりは言えまい。

加えて正力松太郎社主以来の読売新聞や産経新聞などによる大々的な原発キャンペーン報道によってメディアもこれに加担し、他紙もまた一大スポンサーである電力会社の圧力に、どこか及び腰にならざるを得なかったという。まさに国民の知る権利を犯しかねない原発推進グループの所業であって、これでは一般の国民が原発神話を信じ切っていたのも、むしろ当然であったといえよう。

福島第一原発事故の余波

ゴア元米副大統領の世界行脚も手伝って、地球温暖化防止が国際的急務となるにつれ、二酸化炭素を排出しないクリーンエネルギーとしての原発の有効性が、改めて注目されるようになった。米国や中国を始めとする国々は、競い合うように原発の新・増設計画を発表した。日本はその先端を行く原発神話として、世界をリードするはずだった。ところが東日本大震災による地震と津波の自然災害に加えて、東京電力の人為的ミスも重なった結果、こうした神話は脆《もろ》くも崩れ去った。フランスのように核兵器における場合と同様に、民生用でも核に頼る姿勢を全く変えようとしない国は別として、欧米諸国がにわかに再生可能エネルギーの開発に主力を注ぎ始めたのは、福島原発事故の衝撃がいかに大きかったかを物語っている。

菅直人首相は五月二五日（二〇一一年）、パリでの経済協力開発機構（ＯＥＣＤ）の会合で、日本はエネルギー基本計画を白紙から見直し、原子力エネルギー、化石エネルギーに加え、自然エネルギーと省エネルギーの二つの柱を立てることを表明した。また首相は七月一三日の記者会見では、唐突であったが「脱原発」の決意表明を行った。脱原発の方向性については、すでに筆者も三月二六日付の『長崎新聞』のインタビューに答えていたように、本来であれば大いに賛意を表したいところである。ただその二日後、首相はこれが政府方針ではなく、個人的見解であると修正した。これでは近く辞任する首相の私的思いを述べたに過ぎず、党議や野党との協議を経たものでないだけに、将来の保証とはなり得ないことになってしまう。

福島原発事故が全く終息の気配が認められていない現在においてすら、一部の原発推進の人たちによって、反省の色もなく今後の巻き返しの声が上げられているという。そうした動きを知ればなおさらのこと、政府が公式に再生可能エネルギーの研究開発に全力を傾け、段階的に原発依存から脱却して最終的にゼロを目指す方針を明確にした上、その具体的方法やタイムスケジュールを示すことがきわめて重要である。つまり国策としての原発から、国策としての再生可能エネルギーへの転換こそ急務である点を指摘しておきたい。

どう再生可能エネルギーを目指すか

方法論として再生可能エネルギーの何に重点を置くか、ということは日本を取り巻く環境と密接に関連づけて考えなければならない。その際、再生可能エネルギーが万能であるかのような過度の期待を持つべきではないし、かといって原発推進派が誇大に再生可能エネルギーの欠点を批判することに気後れする必要もない。

太陽光発電についていえば、大きい設置場所を必要とすること、夜間や天候不良時には使えないこと、コスト面で高くつき過ぎることなどが欠点として指摘されている。そこで家庭用の太陽光パネルを広範囲に及ぼし（休耕田を利用する考えもある）、量産によってコストを引き下げたり、またドイツで実施されているように、家庭用発電機から作られる余剰の電力を電力会社に買い取らせることの制度化を図る。さらには技術の進歩によって太陽エネルギーを電気エネルギーに変換できる比率をより高めることなどが期待される。

次に風力発電はどうか。批判的な人たちは騒音が大きい、天候に左右されて安全性を欠くという。これに対して場所によっては洋上に設置して騒音を防ぐ方法がすでに開発されており、発電コストが比較的低く、夜間も稼働できるなどの利点が指摘されている。環境省は今年（二〇一一年）の四月、国内では自然エネルギーの中で風力発電は最も普及できる余地が大きく、最大で原発四〇基分の発電量が見込めるとの試算を発表した。ことに風の強い東北地方では、原発三〜一一基分が風力でまかなえるとしている。

そのほか、動植物などの生物資源を使って発電や熱利用をするバイオマスエネルギーや、活火山に伴う地熱エネルギー、海洋力利用のエネルギーその他についても長所と短所が論じられている。また個別の発電エネルギーとは無関係に、これまで各電力会社の独占とされてきた発・送電の一体化ではなく、両者を分類することによって送電部門に新規の事業所参入を促し、コスト面での効果を期待する動きも起こっている。

こうしたことを総括して考えれば、日本における再生可能エネルギーの活用は、原発の一極集中主義ではなく、全国に広く分散したシステムに基づいて、地域ごとに各エネルギーの短所を補い合う組み合わせの工夫によって総合的な成果を期さなくてはならない。その際、重ねて繰り返しておきたいのは、従来のエネルギー予算や研究費の投入方法を抜本的に改め、集中的に再生可能エネルギーの技術開発にこそ振り向けられることが前提となるのはいうまでもない。

（2011・10・1）

Ⅴ　〈講演〉憲法改定は日本に何をもたらすか

本日は伝統ある九州法学会第１２０回学術大会にお招きを頂き、こうしてお話しできますことを光栄に思っております。

私は皆さま方のように法律の専門家ではありませんが、一九九〇年代から国際政治、中でも核兵器を中心とする安全保障問題を手掛けて参りましたので、本日はその観点から憲法改定との係わりを論じてみたいと考えます。古い話で恐縮ですが、一九五九年、つまり今から五六年前にさかのぼって始めさせていただきます。

その年の夏、私は米国イリノイ大学の研究所から招へいを受けました。一ドル三六〇円、国外への持ち出しは二〇〇ドルが限度の時代で、日本にはまだ一軒もないスーパーマーケットが米国ではどの都市でも見受けられ、日本では一般人に珍しいマイ・カーが、米国ではすでにセカンドカーが当たり前といった、カルチャー・ショックに見舞われたものでした。

渡米の翌年になると、私たち日本人にとっては衝撃的なニュースが飛び込んで来ました。もちろんその予兆めいたことが全くなかったわけではありません。時の岸信介総理が、日米安全保障条約の片務性をなくそうと条約の改定を唱え、これに対して前年三月には、野党による「安保改定阻止国民会議」が結成されて、次第に対立が深まりつつあったからです。そうした対立を決定的にしたのは、六〇年五月一九日深夜、自民党が五〇日の会期延長を強行採決し、翌二〇日午前〇時に新安保条約を採決してしまったことです。

自民党の暴走ぶりに対して、野党議員以上に怒りを爆発させたのは、他ならぬ学生たちでした。六月一五日には全学連主流派が国会構内に突入し、警官隊と激しい衝突を繰り返しました。その渦中で東大文学部の樺《かんば》美智子さんが不慮の死を遂げました。一方、条約改定調印のため訪日予定のアイゼンハウァー米大統領の先遣隊として、ハガチー特別補佐官一行が羽田空港に下り立ったものの、デモ隊に包囲され、辛うじてヘリで脱出する事件がありました。結局、大統領の訪日は中止、三〇日後の六月一九日に条約は自然承認され、六月二二日に岸首相は退陣しました。

在米の私たちに一連の流れが分かったのは、かなりの日時を要して後でした。その間、現地の英字新聞の断片的記事や、遅れて送られてくる日本の新聞の束をむさぼるように読んだものでした。以上の古いお話をあえて申し上げましたのは、二つの理由からです。一つは岸首相の孫に当たる安倍晋三首相が、奇しくも現在（二〇一五年）、日米防衛協力の指針（新ガイドライン）とも関連する法案の改定をめぐって、主要野党と対立するばかりか、憲法学者や元内閣法制局長官らとも見解を異にし、一部では国会の延長（この時点ではまだ九五日間の延長は取り沙汰されていない）や強行採決のうわさすらささやかれ始めていることです。

もう一つの理由は、アイク訪日中止を報じた米紙報道の余波についてです。有力紙『シカゴ・トリビューン』はこの問題について、見出しに〝ジャップ〟という文字を使って日本の対応を非難しました。同紙がこうした侮蔑《ぶべつ》的言辞を使用したのは、真珠湾攻撃以来の二度目のことといいます。この報道に対して『イリノイ大学新聞』は、社説で堂々と反対の論陣を張りました。社説の要旨は「シカゴの新聞が、米大統領の訪日を断った日本を非難するのは筋違いである。ほんらい一国の元首が外国を訪問するということは、当の外国にすれば、賓客として国を挙げてもてなす意志のある場合がふつうである。今や日本では新安保条約をめぐって国論が二分し、学生や労働者だけでなく、一般の市民まで反対に立ち上がろうとしている。こうした時期に、客の側から元首を賓客として迎えよ、と押しつけるのは非礼というものであろう。ましてて『シカゴ・トリビューン』紙が、日本への蔑視《べっし》を意味する見出しをつけるに至っては、大新聞としての品格を疑わせるのではなかろうか」というものでした。

私たちはこの大学新聞の主張に共感を覚え、この点に健全な米国の民主主義を見る思いがしました。しかし古き良き時代の米国は、やがて姿を変えて行きました。特にベトナム戦争を契機として大国としての自信が揺らぎ、それを押し戻すかのように、〝武力による平和〟のパラドックスにはまりこんで行ったような気がいたします。

三回の報告書

皆さま方は「アーミテージ報告」（以下「ア報告」と省略）という名称を耳にされたことはありますでしょうか。リチャード・アーミテージ（元国務副長官）およびジョセフ・ナイ（元国防次官補）両氏を共同議長とし、アジアの事情に詳しい一六人のメンバーから成る集まりで、過去三回、つまり二〇〇〇年、二〇〇七年、二〇一二年と報告書を出しています。その中でも二〇〇〇年の第一次報告書における「日本への勧告」は、日本政府にとって少なからぬ衝撃を与えました。「日米安全保障条約はそれなりに機能してはいる。しかし今のままでは中途半端である。集団的自衛権の行使を日本側が認めていないことが主な理由であり、それを妨げているのは憲法九条である。日本がもし集団的自衛権の行使容認に踏み切れば、日米間の軍事的協力はより強固なものとなり得よう」というのがその骨子でした。

改憲を党是としている自民党政権も、さすがに直ぐに応じるのにはためらいがありました。機はまだ熟していないとの判断からでした。その代わりというわけでもないのでしょうが、同年の「ア報告」に書かれた他の勧告項目に対しては、次々と国会審議を経て重要法案を可決させ、これに応えました。たとえば「テロ対策特別措置法」（二〇〇一年）、「イラク復興支援特別措置法」（二〇〇三年）、「武力攻撃事態法」（二〇〇三年）、「有事法制」（二〇〇四年）等々です。

その後、二〇〇六年に政権の座に就いた安倍晋三首相は、「戦後レジームからの脱却」を掲げて、さっそく集団的自衛権の可否を論じる事例に関する有識者会議を発足させました。ところが政権はわずか一年しかもたなかったため、報告書は預かりになってしまいました。第二次「ア報告」が出されたのは、まだ安倍首相在任中の二〇〇七年二月でした。そこには次のようなことが書かれていました。

「われわれは安倍政権の憲法に関する見直しの取り組み、また個別的な特措法を必要としない恒久法への検討には勇気づけられるものがあった。ただCIAによると、日本の防衛費は世界でトップ5に入っているものの、GDP比では世界で一三四位に過ぎない。防衛費は更に増額されることを期待したい。日本は人質救出の計画や必要な専門技術を発展させ、米艦援護に当たるべきである。日本がミサイル計画への参加に際して、武器輸出三原則の例外として米国への技術供与を認めたが、残りの禁止事項も解除すべきである。また宇宙における安全保障分野について、日本の国会での議論を歓迎する」。

私はその翌年だったと記憶しますが、あるシンポジウムで「ア報告」作成の有力メンバーとされるマイケル・グリーンNSCアジア上級部長と共に招かれる機会がありました。時間前の控室で、たまたま二人だけだったのを幸い、「ア報告」は日本への内政干渉ではないか、と率直に尋ねました。彼は如才ない笑顔を浮かべて「いや、そんなことはありません。私たちは勧告的意見を述べているのであって、それを選択する、しないはあくまで日本政府の自由に委ねられているのですから」と答えました。私がさらに語を継ごうとしたとき、他のシンポジストたちが入室してきましたので、話はそこで終りました。

その後、日本政府はどう対応したでしょうか。宇宙空間について一九六九年五月には、平和目的に限るとした平和利用原則を国会決議していました。しかしミサイル防衛導入を機に、日米の財政界の強い後押しもあって、二〇〇八年五月には新たに「宇宙基本法」を可決しました。そして非軍事利用に限った原則を放棄したばかりか、「安全保障に資するよう行わなければならない」とまで言い切っているのです。また武器輸出三原則は一九六七年の佐藤栄作首相時代に国会で決議され、一九七六年の三木武夫首相時代には更に強化され、どの国にも武器輸出を慎むことが政府の統一見解として出されるなど、日本の平和理念の柱として守られてきました。ところが米国への例外措置として認めたことが突破口となって、三原則の空洞化が進み、ついに二〇一四年四月には、「防衛装備移転三原則」として質的にも疑問の多いものへと変貌を遂げてしまったのです。

三回目の「ア報告」は、現在、国会で審議されている安全保障関連法案を考える上で、ぜひ注目して頂きたい内容が含まれています。例によって「原発の再稼働は日本にとって正しく責任ある措置」と日本政府を持ち上げることを忘れていません。余計なお世話だ、と言いたくなるのをグッと押さえて、勧告的意見に目を移しましょう。「日本政府は多国間の取り組みに積極的な関与を行うべきである。例えば海賊対策、ペルシャ湾における輸送の保護、シーレーンの安全確保その他。日本は自らの防衛と米国との協力による地域的な不確実性に対する防衛へと拡大すべきである。イランがもしもホルムズ海峡を封鎖するといった言辞を弄したら、日本は単独で掃海艇を派遣すべきである。ＰＫＯへの十分な参加のため、必要とあれば日本は他国のＰＫＯのため武力行使を考えるべきである」。

なぜ訪米を急いだのか

日本政府に対して、しばしば〝対米従属〟というレッテルが貼られますが、安全保障政策はその最たるものと言えるでしょう。これまで述べてきた三回の「ア報告」における勧告に対して、集団的自衛権の絡む事案を除けば、日本政府は驚くほど忠実かつ従順に国会決議や法規を改めることまでして期待に応えてきました。そして最後の仕上げが、集団的自衛権の行使容認を含む今回の新ガイドライン締結ということになります。つまり米国の描いたシナリオ通りに、安倍首相がいかにも自主的に考え出し、行動しているかのように演じているに過ぎないのです。安倍首相がくどいほど国会答弁で繰り返す「ホルムズ海峡の機雷の除去」は、まさしくその象徴と言うべきでしょう。

いずれにしても新ガイドラインと密接不可分の閣議決定した安全保障政策の関連法案が、国会で可決されたと仮定しますと、政府の言う三要件を充たせば米軍の戦闘に加わり、自衛隊も切れ目なく運命共同体として行動を共にすることになります。しかも従来の周辺事態法では限定的だった地理的制約も外すのですから、自衛隊が地球の裏側まで派遣されることもあり得るわけです。首相は日本の〝自主的〟判断で断る権利は持っているとか、後方支援の場所が戦闘地域になれば、ただちに活動を中止して撤退できるなどと国会答弁で述べていますが、いかにも戦争の実態を知らない弁でしかありません。まして新ガイドラインの改定に際して、米側は時期は必ずしも急がないが、内容のしっかりしたものにしたいと希望したのに対し、日本側は早急に締結したいと首相自身が渡米し、いわばこちら側が頼み込む形で決着させたことからも考えにくい願望でしかないでしょう。

先日、某民放テレビの報道特集で、元自衛隊の幹部クラスの人がこのように語っていました。「私たちは日本の自衛隊が専守防衛だったからこそ、国民を守るための厳しい訓練にも耐えてきました。しかしよその国にまでそれを広げるのには違和感があります。現場と政治家の考え方に乖離《かいり》を生じているのではないでしょうか」。無理もありません、戦争となれば犠牲になるのは常に現場の自衛隊員なのですから。ところで安倍首相はなぜ国会や国民への説明を後回しにして、米国との協定をやみくもに急いだ上、法案を七月中に可決させると約束までしてきたのでしょうか。主権在民の民主主義国家として、これほどの重要事項なのに首相の振舞いは考え難いもの、と言わざるを得ません。私はこの点について二つの可能性を推測しました。一つは国会で法案の議論が紛糾し、行き詰まった場合、国際公約を暗黙の圧力として説得に当たろうと考えていたのではないか。もう一つは首相自身の信用回復を図るため、米側の歓心を買おうと焦ったことです。

後者に関連して、私は米政界の事情に詳しい古い在米の友人から、今年（二〇一五年）に入ってこんな話を聞かされました。「オバマ大統領が安全保障面での軸足を、中東よりもアジアに移すことを決定して後、日本は『要《かなめ》』として極めて重要な同盟国であり、その意味では今後も緊密な軍事協力関係を維持することは疑いない。しかし安倍首相個人に対しては、人間的に信用できないとの空気が支配的だ。極東軍事裁判へのあからさまな批判、占領軍による押しつけとしての憲法否定、アジアへの侵略を認めようとしない歴史修正主義者というレッテルは前からあった。ただ何といっても決定的だったのは、二年前の靖国参拝だ。あの直前に米国務長官と国防長官がそろって訪日し、二人は靖国ではなく千鳥ヶ淵戦没者墓苑に参拝するというシグナルを送っていた。また米政府も首相自身に反対の意向を伝えたという。それにもかかわらず、国内の右翼グループへのポーズを優先させ、彼は参拝を強行した。米政府は面子を潰されたこともあるが、それ以上に彼の参拝によって、中国、韓国との溝がさらに深まり、ひいては米国のアジア政策にとっても支障を及ぼす点が問題なのだ」。

この種の批判は、恐らく首相サイドにも伝わっていたに違いありません。予想以上の米政府の反発にたじろいた首相が、歴史修正主義者の汚名だけは免じてもらうべく、訪米時の手土産として持参したのが、集団的自衛権の行使を伴った新ガイドラインの締結だったのではないか、とさえ私には思えてくるのです。

法案は抑止力か

ところで今回の法案に対して、憲法学者の圧倒的多数が違憲との認識を示し、元内閣法制局長官らからは手厳しい批判が寄せられました。一方、政権側からは高村副総裁が砂川事件における最高裁判決を引用し、集団的自衛権の行使容認は合憲であると主張しました。しかし二人の元最高裁判事の談話によれば、「最高裁判決に際して、個別的ないし集団的自衛権との関連を念頭に置いてなされたものではない、従って判決は、米軍の駐留受け入れが憲法に違反するとまでは言えない、と言っているに過ぎないのであって、集団的自衛権の行使については容認、否定のいずれにも触れていない」とのことでした。政権側は今度は「一九七二年の政府見解」

を引用して、今回の法案の合憲性を強調しようとしました。だがこれは無理なこじつけであったとしか思えません。この政府見解は元々個別的自衛権についてなされたものであり、末尾にはわざわざ現憲法下では集団的自衛権の行使は認められないとしてあるからです。それを安保環境が悪化したから可能なのだ、と強弁しても説得力を持ち得るものではありません。

すると次に安倍首相自らが繰り返し始めたのが、「抑止力」の必要性という点でした。この「抑止」あるいは「抑止力」という言葉は、以前から存在してはいたようですが、一躍注目されるようになったのは、東西冷戦の最中のことでした。米国のロバート・マクナマラ国防長官（ベトナム戦争当時）による「相互確証破壊（MAD）戦略」と呼ばれるものです。ソ連が米国に核の先制攻撃をかけても、米国がソ連に耐えがたいだけの核兵器の報復を浴びせる能力を保っておけば、ソ連は先制攻撃を思いとどまらざるを得ない、つまり抑止できるはず、との理論に基づいています。この抑止の概念は、冷戦後も核兵器から通常兵器に至るまでしばしば利用され、今回の米国の力を借りた安倍政権による抑止発言も、そうした類いのものとみなし得ます。

しかし、一見もっともらしいこの理論には、陥りやすい危険なワナがあります。かつて一九九九年発行の朝日新聞『論座』という雑誌に、私は「核抑止論の迷妄と被爆地の論理」と題する論文を発表しました。その際に気付かされたことがありました。抑止の相手、強い言葉でいえば〝仮想敵国〟が、まだ発展途上であったり、ごく小さい国であれば恐れをなして攻撃を仕掛けることを断念する、つまり抑止効果を発揮するかも知れません。ところが相手が大国であったり、国民の犠牲などは無視してでも暴走する独裁国家である場合は、まず通用しません。いや通用しないどころか、自国への挑発と受け止めて軍備拡張に狂奔するのが常、であることは歴史が証明しています。

その一例をお示ししましょう。冷戦中、欧州ではソ連およびその衛星国とNATO諸国とが、緊迫した情勢下で対峙していましたが、通常兵力ではソ連側がかなり勝っていました。そのためNATO側は、射程距離の短い（五〇〇キロメートル以下）戦術核を配備して抑止力にすることにしました。これを知ったソ連側は、戦術核よりも射程距離の長い戦域核を配備してこれに対抗しました。こうなるとNATO側は、とうとう射程距離の最も長い（五〇〇〇キロメートル以上）戦略核を配備するといったようにエスカレートして行ったのです。安倍首相が力説する日米のさらなる軍事協力が抑止力になる、との思い込みも、〝仮想敵〟中国にすれば自国に対する挑戦と受け止め、より軍備拡張に走ることは火を見るより明らかでしょう。なぜそうした逆効果の歴史の数々の教訓に、安倍首相が思い及ばないのか理解に苦しみます。

徴兵制は本当にデマか

最後に徴兵制の問題について触れることにします。もし安保法制関連法案が成立し、日本が集団的自衛権を行使できるようになったと想定してみましょう。米国がある国と交戦状態にあり、日本政府に対して支援要請があったとします。時の政府は〝主体的〟に判断して法案の三要件を満たすと考え、自衛隊に出動を命じます。こうして日本はアジア・太平洋戦争以来、初めて海外の戦闘へと巻き込まれて行くことになります。今回の法案では地理的制約が外してあるため、場合によっては、地球の裏側まで自衛隊が派遣されることもあり得ます。こうなってくると注目されるのは、自衛隊員の数は足りるか、という点です。

安倍首相は国会答弁の中で「集団的自衛権の行使を認めれば、やがて日本が徴兵制になるなどとデマを飛ばす人がいる。それはとんでもない話であって、絶対にあり得ないことだ」としばしば答えています。そして唯一の根拠として挙げたのが、憲法一八条の「何人も、いかなる奴隷的拘束も受けない。又、犯罪に因る処罰の場合を除いては、その意に反する苦役に服させられない」という手続き論でした。しかしこれくらいのことは、憲法の解釈変更をねじ曲げて可能にする安倍政権ないし亜流政権であれば、もっともらしい理屈を付けて改悪するのにためらうはずはありません。

ところで現在の自衛隊を志願する大多数の人は、訓練が自己の心身鍛錬に役立つ、また各種技能の修得がその後の人生に有用、といった平時だからこそ許される目的で入隊するのがふつうだと言われています。ところがもし戦時体制となり、いつ犠牲を強いられるか分からないとなると、隊員志願者が減少することは間違いないでしょう。加えてそこに、深刻な人口動態の影響が重なってきます。

二〇一四年の人口動態統計の中で、死亡者数から出生数を差し引いた人口の「自然減」は過去最高であり、しかも八年連続して自然減が見られているのです。また母親が一生のうちに産む子どもの数、つまり「合計特殊出生率」は一・四二で、これが続けば人口は減る一方で、二〇六〇年には日本の人口は約八七〇〇万まで落ち込みます。さらに将来、兵役適齢期を迎える一五歳以下の人口が、ここ三四年間減少の一途をたどっているため、六〇年には若年者の低比率も決定的でしょう。

これらの客観的データから導かれる結論は、自衛隊（というよりも、もし安保法制に規程された任務を課されれば、それはもはや国防軍そのもの）の隊員不足は不可避ということです。安倍首相は一体、何をもって徴兵制をデマだと断言できると言うのでしょうか。

今後の国会審議や万一国民投票に持ち込まれたと仮定しても、現在すでに兵役適齢期にある人は、徴兵を免れる可能性は高いかも知れません。しかし安倍政権が敷こうとする安保路線が廃止されない限り、必ずやこれらの人々の子ども、或いは孫たちが国家の名において徴兵される可能性は十分にあります。その時になって自分たちの両親ないし祖父母たちは、なぜ体を張って反対してくれなかったのか、といくら責めたところでもはや遅いのです。現在の若い人たちに、安保問題に関心を寄せて欲しい理由の一つはこの点にあるのです。

（2015）

＊本講演は第一二〇回九州法学会学術大会（二〇一五年六月二七日、於長崎大学）で行われた。

土山秀夫（つちやま　ひでお）

医師。平和活動家。一九二五年（大正一四年）四月二三日、長崎市生まれ。

長崎医科大学付医学属専門部（医専）の学生だった一九四五年（昭和二〇年）八月九日、佐賀県に疎開していた母の危篤の報に午前七時前の列車で長崎を離れたため、原爆投下には遭わなかったが、翌日一〇日に長崎に戻り、入市被爆。大学で被爆者の救護活動に奔走する。

一九五二年長崎医科大学卒業。学生時代から『宝石』（江戸川乱歩編集）誌上で土英雄のペンネームで推理小説家としても活躍。一九五九年イリノイ大学留学（病理学）。推理小説は休筆。

一九六九～九〇年、長崎大学教授（一九八二～八六年医学部長）。一九八八～九二年、同大学長。一九九三年、同大名誉教授。

一九九〇年以降、市民の立場から核兵器廃絶運動に取り組む。非政府組織（ＮＧＯ）委員長として四回にわたり国際会議「核兵器廃絶―地球市民集会ナガサキ」を開き、市民主体の長崎型ともいえる平和活動を展開。日本学術会議「平和問題研究連絡委員会」委員、「世界平和アピール七人委員会」委員、長崎市長が平和祈年式典で読みあげる平和宣言の起草委員、「核軍縮：日本の成績表」評価委員などをつとめる。長崎市名誉市民。

二〇一七年九月二日死去。享年九二。

【著書】『病理学総論』（医師薬出版）、『カントと生命倫理』（晃洋書房）、『さらばクライスラー』（日本図書刊行会）、『核廃絶へのメッセージ――被爆地の一角から』（日本ブックエース、平和文庫）、『論文集 核廃絶への道』長崎文献社、『あてどなき脱出 土山秀夫推理小説集』（長崎文献社）ほか。

※本書の初出は左記の通り。
・巻頭の言葉は、『長崎新聞』二〇一七年九月一六日一一面、「雲居路の先　聞き書き土山秀夫さん」六三回（連載の最終回）。
・「Ⅰ　誰が真の専門家たり得るのか」「Ⅱ　核兵器の非人道性と安全保障」「Ⅲ　誰にでもできる政治参加へ」は、『核兵器・核実験モニター』第三六六〜五一三号（二〇一〇年一二月一五日〜二〇一七年二月一日、NPO法人ピースデポ）に五一回にわたり「被爆地の一角から」のシリーズ名で連載したもの。
・「Ⅳ〈論考〉岐路に立つ原子力の平和利用」は、『証言２０１１――ヒロシマ・ナガサキの声』第二五集（二〇一一年一〇月一日、長崎の証言の会）。
・「Ⅴ〈講演〉憲法改定は日本に何をもたらすか」は、『九州法学会会報２０１５』（二〇一五年、九州法学会）。
※Ⅰ〜Ⅴの本文末尾のカッコ内の数字は、初出誌の発行年月日を示す。
※本文中に＊印を付した注記は、編集部による。
※本文の表記は原則として初出紙誌に従っているが、明らかな誤記・誤植と思われるものは訂正し、一部、副詞や接続詞などの漢字をひらがなに直し、読みの難しい漢字には読み仮名を付した。また、「今年」「昨年」などは該当年を補うようにした。

「核廃絶」をどう実現するか
——被爆地・長崎から日本と世界へ送るメッセージ

2020年 6月25日　初版第1刷印刷
2020年 7月10日　初版第1刷発行

著　者　土山秀夫
発行者　森下紀夫
発行所　論 創 社
東京都千代田区神田神保町 2-23　北井ビル
tel. 03（3264）5254　fax. 03（3264）5232　web. http://www.ronso.co.jp/
振替口座　00160-1-155266
装幀／安田真奈己
組版／フレックスアート
印刷・製本／中央精版印刷
ISBN978-4-8460-1939-6